永田一彦の
Nメソッド

「鍛錬」

■ 指導

ワークアウトトレーニングクラブ会長
永田一彦

■ モデル

第6回世界チャンピオン
塚本徳臣

97 ワールドカップ軽量級4位
鳴海沖人

はじめに

　本書は、雑誌『極真魂』で連載された３つのトレーニング法を、１冊にまとめたものです。前半のモデルは塚本徳臣であり、後半は鳴海沖人です。

　何故、すべてのモデルを塚本徳臣にやってもらわなかったかということが、この連載の最大の特徴となってしまいました。

　塚本徳臣から鳴海沖人にモデルが代わったいきさつは、ある出来事が絡んでいます。それは私にとって今となっては「思い出」ですが、当時の私にとっては怒りと悲しみで記憶が無くなる程の出来事だったのです。今でも当時の記憶は前後が繋がらず、バラバラな感覚しかありません。

　この前半と、後半の間に第32回の全日本大会があり、その日、塚本徳臣が負けたのです。人はいつか負けるものですが、私は塚本徳臣が負けることは許せませんでした。十八歳の塚本徳臣がジムに入会して、二人三脚で歩んできたという自負が自分にはありました。それがこの日完全に崩れてゆきました。この日、私は東京体育館の選手控室で、塚本徳臣に「もう練習はやめよう」と言ってしまったのです。

　具体的に書くことは難しいですが、塚本徳臣には天才といえる部分があります。そして、努力というものの中には「天才の努力」といえるものがあり、塚本徳臣はそれができる選手でした。

　「天才の努力」とは、例えば「１〜９まで数字を加えてみろ」と言われた時に、１〜９の中に５が９つあると考えて45になるという答えを出すようなものです。

　何故５が９つあるのか、という質問には答えられないのです。そのヒラメキが重要な部分を占め、凡人には理解できない場所が彼には与えられていたのです。それは彼自身にのみ許されたヒラメキだったのです。このヒラメキに私はついて行けませんでした。しかも、彼本人もこのヒラメキに、自分がついて行けなかったのです。

　そして、彼は試合に負け、私は彼にもう教える気力が無くなってしまいました。私は、彼があのような負け方をすることを認められなかったのです。

　彼との練習をやめることにしてしまったので、その後の記事をどうしようかと悩みました。この連載は元々、塚本徳臣がどのようにトレーニングしてきたかを明らかにしていき、他の人達に役立ててもらおうと企画したものだったからです。

　最初に考えたのは連載を止めることでした。次に考えたのは、他のモデルに代えて自分の理想とするトレーニングの主旨を伝えていくことでした。

　モデルとして最初に頼もうとして思いついたのが、鈴木国博でした。鈴木国博も天才といえる部分を持った選手です。彼は「努力の天才」です。

　「努力の天才」とは、先ほどの例、「１〜９まで数字を加えてみろ」と言われた時に、数字の中心が５と考え、５を中心として１と９、２と８というように10が４つあるそれを加えていき45になるという、他人を納得させられる明確な答えを出していくでしょう。その考え方の中にヒラメキがあるのです。私は「ヒラメキ」のある選手が好きなのです。

　しかし、この時、私は「天才」に疲れていたといえます。そしてもう一つの好きなタイプがあ

ることに自分自身がヒラメキました。それは、「凡人の努力」といえる努力の出来る選手だったのです。

「凡人の努力」とは、「1～9まで数字を加えてみろ」と言われたときに1と2を加えると3、3に3を加えると6、6に4を加えると……と、45という答えを導き出すという方法です。

誰でも出来ると思われるでしょうが、ここに「努力の凡才」といえる人達がいることを忘れないで欲しいのです。「努力の凡才」は、この方法で加算していくうちに、段段と面倒くさくなって、それを止めてしまう人達のことです。世の多くの人間はこの中に入りやすく、努力を途中放棄してしまいます。従って、「凡才の努力」が出来るということも一つの能力とみて良いのではないでしょうか。

「凡才の努力」をできる人を探してみることにしました。それが鳴海沖人でした。鳴海沖人は、身体も大きくなく正直言ってあまりセンスも良くありません。でも、彼はあきらめません。「凡才の努力」をする選手です。凡才でも努力することにより、素晴らしいことが起きるのだ、ということを証明したく、後半部分のモデルを鳴海沖人に頼むことにしたのです。このような目論見の中で、何も知らない鳴海沖人はモデルを喜んでやってくれ、3年間の連載を無事に終わることができました。

そして、9年近い歳月が過ぎたとき、塚本徳臣から電話がありました。「スイマセン、会長のところでもう一度練習させてください」と言ってきたのです。

私は最初迷いましたが、私には『天才』のことは解らない、解らないことを解ろうとしたことが失敗だった。これからは解らないということを理解してやっていけば良い、と決めて、また一緒にやっていくことにしました。

塚本徳臣は菓子折りを持って、自分自身の不明について静かに語り、練習を再開しています。

私自身も塚本徳臣について反省すべき点が多くありますが、先生として彼に「ゴメンネ」ではあまりに軽々しいのではないか、何か良い方法はないかと考えていました。それで、この本を出したらどうかと思いついたのです。

塚本徳臣が和解してくれなければ、この本が世に出ることはなかったのです。和解できた感謝を本書に篭めたいと思います。

今は、一人の「天才の努力」と一人の「凡才の努力」に出会うことができて幸せだったと思っています。そして、塚本徳臣との間を影で見守ってくれた緑健児代表、入来武久師範、小井泰三氏、田中直樹氏に心から感謝しています。

永田一彦

推薦の言葉

　雑誌『極真魂』で長く連載された永田会長のトレーニング指導が1冊の本にまとめられるとお聞きし、大変うれしく思います。

　永田会長のトレーニングは、その緻密さ、そして正確さと厳格さには定評があり、永田会長がいなければ塚本の活躍は無かったとさえいわれています。『極真魂』の連載はその永田会長がどのように塚本を鍛え上げたのか、その秘密を公開した内容でした。しかも、塚本本人がモデルとして登場しているとあって、連載当初から多くの人が強い関心を持っていたことを思い返します。

　空手の稽古と平行してウエイトトレーニングをすることは普通に行われていますが、筋力アップしたことがかえってスピードを鈍らせる、あるいは技を繰りだし難いような筋力アップでは意味が無いわけです。この点、本書で指導される数々のトレーニングメソッドは、永田会長の緻密な研究から編み出された、空手のためのウエイトトレーニングの特別メニューとして考案されたという点で非常にユニークな内容だと思います。

　空手のためのトレーニングメソッドとして指導されていますが、空手に限らず「打突、蹴り」を主戦力とする格闘技全般に渡って有効なトレーニングメソッドとなっているのは当然です。そのような意味で、広く格闘技を行うプロ、アマ選手の身体強化・改造のバイブル的な書籍であると感じています。

　本書を通し、ケガの無い身体作り、格技の技術力アップに利用されることを強く望みます。

NPO法人全世界空手道連盟新極真会代表
緑　健児

推薦の言葉

「とにかく強い体を作りたい」との想いで、永田会長のジムに通い出したのが18歳のときです。以来、会長の指導を信じ、黙々とトレーニングを続けました。

私と会長との成果を公開した『極真魂』での連載が本になるとお聞きし、正直驚いています。雑誌に連載されていた頃のことがつい昨日のように思い出されます。

当時、私もまだまだ素直でしたから、「強くなりたいなら決められたメニューをきちんと実行しろ」と言われひたすら実行しました。数ヶ月後、確かに技の切れが違っていることを自覚しましたし、筋力が強化されていることも分かってきました。

やがて「強くなるということは、こういうコトか」という感覚を全身で感じ始めるようになってくると、苦しいはずのトレーニングが待ち遠しいというようになりました。そのようなときは、会長から「やり過ぎるな」と注意を受けたものです。

永田会長との二人三脚で培った成果を、大きな大会での何度かの優勝ということで証明することが出来ました。どのようなトレーニングをしているのかという質問もずいぶん受けました。会長にすれば、「けして特別なものではない。空手という特性を考えて組み立てただけに過ぎない。秘密にすることではない」と、トレーニングはオープンでした。ただ、会長は決めたことは徹底して実行することを強要しますから多くの選手にとって恐ろしい存在でもあり、当時「鬼の永田」と言われ、会長のジムに入門することは相当な覚悟がいると、いつのまにか秘密めいた特殊訓練の場と思われていたようです。

空手にとって有効な筋力、持久力を培いたいと考えている皆さんにぜひ永田会長のトレーニングメソッドをお奨めします。空手の稽古と平行し、本書のトレーニングをぜひ実践して欲しいと想います。性急に筋力をアップするというのではなく、「じっくり練り上げていく」という気持ちで取り組んでみてください。

NPO法人全世界空手道連盟 新極真会塚本道場責任者

塚本徳臣

本書の目的

　基礎体力をつけるために心掛けなければならないことは、まず動作を正確に行うということが基本です。そして、決められた日、決められた時間にトレーニングを行うようにして、それ以上はやらないようにする。ともすれば、それ以上やってしまいがちですが、だんだん疲れが出てきて、最終的に出来なくなってしまいますので気をつけて下さい。

　空手のそれに合った基礎体力をつけるために、まず、筋力をつけなければならないのは確かですが、その目的の第一は怪我をしないために筋力をつけるという意識でやっていただきたいと思います。「筋力＝空手の技術や強さ」にそのまま結びつくわけではありません。柔軟性とかスピードとか、そういうものも含めてトレーニングする必要があります。

　例えば、「重さを上げられる力＝強さ」と捉えると、重さだけを追いかけることになります。例えば、100kgを10回上げたとします。しかし、同じ100kgを10回上げるのにも、何秒で上げたかによって全然違ってきます。遅ければ力の要素が強いですし、早い時間で上げていればパワーの要素が強いということになります。同じ重さでも、スピードの要素が加わっている分だけ、重さ以外の要素、強い部分の要素が出るわけです。やはり、空手には瞬発力、スピードの要素は大事です。

　最近の大会を観て思うことは、手足の力は強いのですが、体幹の力が弱い選手が多いということです。つまり胴体の力が弱い。せっかく手足の力が強いのに、体幹がしっかりしていないので、それを伝える力が弱い。また、長時間練習する習慣の弊害として、試合中の体の動きも長時間の練習の時と同じになってしまっています。そのために、試合中の動きも長時間練習の時と同じになり、疲れていないのに負けてしまったという選手も多いのではないかと思います。それは、3分なら3分という時間の中で全力を出し切るという習慣が欠けているからなのです。

　それと、打つのではなく押している選手が多いというのも気になります。あれは、ベンチプレスの弊害です。押すことと打つことは全然違うのですが、「力強く押すこと＝効いている」ことだと勘違いしている選手もかなりいます。しかし、強く押しているだけでは、相手は後ろに下がりはしますが、実は思ったほど効いてはいません。試合でも、そのあたりを審判にきちんと判断されるようになると、そのような選手は勝てなくなります。

　本書では、大きく3章に分けてトレーニング方法を解説しています。「レジスタンス」が筋力中心、「スーパーパワー」がその筋力を生かすためのエネルギー系、スタミナが中心です。最後の「トータルバランス」が柔軟性とそれら全部を含めた調整力、バランスが中心というように構成されています。従って、この流れに沿って順番にやっていただければと思います。

　正しい形でトレーニングしていけば、必ず報われますし、必ずいい結果は出ます。がんばってください。

永田一彦

CONTENTS

- はじめに　永田一彦 ·· 2

- 推薦の言葉
  　　　　　緑　健児 ·· 4
  　　　　　塚本徳臣 ·· 5

- 本書の目的 ·· 6

- **Chapter 1**
  Resistance Training ·································· 9

- **Chapter 2**
  Super Power Training ······························· 91

- **Chapter 3**
  Total Balance Training ····························· 125

- スケジュール表 ·· 168

Chapter 1
Resistance Training
レジスタンストレーニング

　レジスタンストレーニングという言葉はあまり聞きなれないと思います。「ウエイトトレーニング」「筋力トレーニング」とは違うのでしょうか？

　昔から、筋力アップのために「ウエイトトレーニング」が行われて来ました。バーベルやダンベル、またはマシーンを使用して筋肉に負担をかけ、一般的に「筋力トレーニング」と呼ばれています。そして、「ベンチプレスが何kg挙がるか？」「スクワットが何kg挙がるか？」が重要な位置を占めます。

　しかし、それだけが重要なのでしょうか？　例えば、同じウエイトでベンチプレスを挙げる（最大筋力が同じ）選手が2人いるとします。

　この2人のベンチプレスを最大筋力の80％の重量にセットしてスピードを計測します。もし、2人のスピードが異なれば、スピードが速い選手は、遅い選手に比べてパワー（スピード筋力）に優れていることになります。

　また、2人の選手のベンチプレスを最大筋力の50％の重量にセットして、45秒間の反復回数を計測します。

　もし、2人の反復回数が同数でなければ、反復回数が多い選手は持久力に優れています。これを空手に当てはめて考えれば、パワーの優れている選手の突きは速く、防御しづらくなり、筋持久力の優れている選手の突きは、同じ威力の突きを多く出せる可能性があります。この「パワー」筋持久力を最大筋力に加えたいために、一般的な「筋力トレーニング」という言葉を避け、通常の「ウエイトトレーニング」では使用することが少ない負担（チューブ、ボール、棒など）でも、筋にレジスタンス（抵抗）を加えるために、より広い意味を持つ「レジスタンストレーニング」の名称を使う方が適切であると考えました。

　種目のやり方を覚えるだけでは何の意味もありません。14のトレーニングプログラムを実行することが重要です。

　1つのトレーニングプログラムを、原則として分割法による週2回で、これを3ヶ月続けていきます。3ヶ月続けたら1週間の休養をとって、次のプログラムへ進んで下さい。14のプログラムが終了するまで約3年6ヶ月間かかります。

　この期間は、空手に要求される最大筋力、筋持久力を増大し、スピード筋力を改善するために必要な最低期間と考えて下さい。

　ジャン・ジオノはその著の中で「ある人物は真に並はずれた人物であるかどうかは、幸運にも長年にわたってその人の活動を見続けることが出来た時に、初めてよくわかる」と書いています。

　私は、このプログラムを通じて、あなたが「真に並はずれた人物」であることを知る機会を提供します。あなたは、このプログラムをやり抜く事で自分が「真に並はずれた人物」の一人であることを知るでしょう。

Nメソッド 鍛練

PROGRAM 1-A

Achieving Maximum Muscular Strength 1
最大筋力をつくる 1

いよいよトレーニングの開始です。最大筋力をつくるためのトレーニングですが、最初はどうしても勢い込んでやり過ぎることになりますので十分注意をしてください。決められた以上にやらないことが、長続きさせるポイントです。
空手の技術練習を終えた後に、この「レジスタンストレーニング」を行って下さい。

■ Leg Extension ／ レッグエクステンション

〈1ヶ月目〉

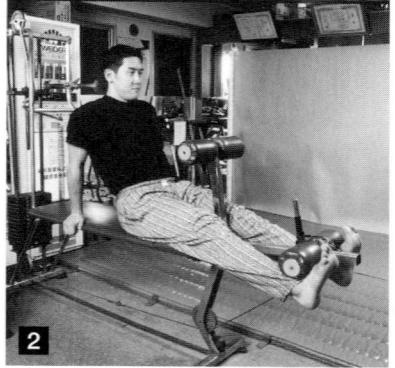

スクワットのような多くの関節を使用する運動（複合関節トレーニング）は、すべての筋力が働くので、よいと言われていますが、脚や体幹が弱いのに、スクワットを行うと危険なエクササイズとなります。
下肢については、各筋群を鍛えた後に、スクワットのような複合関節トレーニングに進むべきです。
ここでは、膝を伸ばす大腿四頭筋のみを効率的にトレーニング出来るレッグエクステンションを行います。
レッグエクステンションのような"単関節トレーニング"は個々の筋に集中的に負担をかけるのに適しています。負荷について、1RMなどの筋力テストを行い、何％という指示をしますが、1RMをテストすること自体（特に初心者にとって）適していないと考えます。

通常、負荷を決める時に、適切なフォームを最初に教え、10回正確に出来る範囲内でウエイトを足してゆき、適正負荷を選択します。レッグエクステンションについては、フォームを作るためと筋持久力を発達させるために、20回から行いますが、10回正確に出来るウエイトから5Kg減らしてから始めます。
つま先を上げて、パットを固定し、手を後方について、体を伸ばします、このことで、膝を伸ばす力が高まります。特に指示がない限り、すべての種目を次のテンポで行って下さい。ゆっくり、3カウントで挙げて、一番膝が伸びた位置で1カウント止めて、4カウントで降ろします。セットは2セット。セット間の休息は1分とします。3週間目に3セットに増加し、1ヶ月続けて下さい。

Nメソッド　鍛練

〈2ヶ月目〉

スタート地点とスピードを変えます。
膝が伸びた地点をスタート地点として、その状態から力を抜きます。膝はウエイトの重さで曲がる方向へ引かれることになります。そうして膝が曲がり切る瞬間にスタート地点に出来るだけ速く戻します。力の出し入れがうまくなり、インパクトの瞬間に力が入るようになります。20回行えるウエイトを使用して10回3セットを1分間の休息で行って下さい。

〈3ヶ月目〉

[第1セット目]

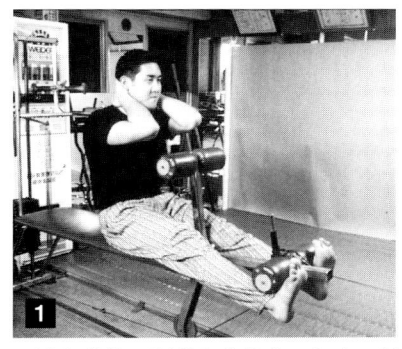

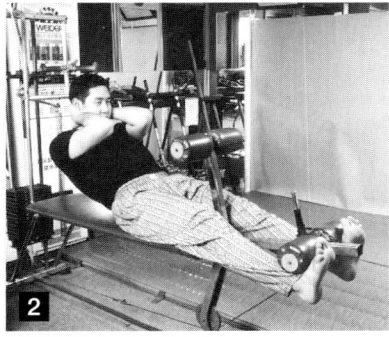

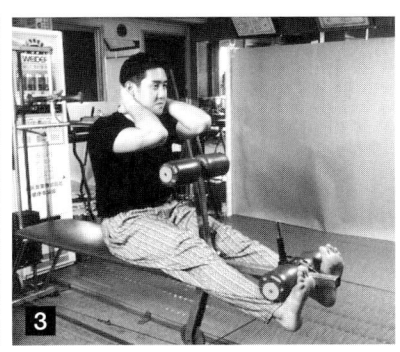

下肢と体幹の運動を強化するために行います。
両手を頭の後ろに組み、膝を曲げた状態から始めます。膝が伸びた位置で止め（腰が浮きますが、そのままで）、上半身を前に15度、そこから後ろへ30度動かし、また前に戻す事を、往復1回として5回繰り返し、膝を元に戻します。

[第2セット目]

2セット目は、膝が伸びた位置で止め、上半身を右へ40度曲げて、そこから左へ80度曲げ、また右へ戻すことを往復1回として5回繰り返し、膝を元に戻します。

[第3セット目]

3セット目は、膝が伸びた位置で止め、上半身を右へ40度ひねってそこから左へ80度ひねり、また20回3セットを1分間の休息で行って下さい。

■ Leg Curl ／ レッグカール

1〜2ヶ月目

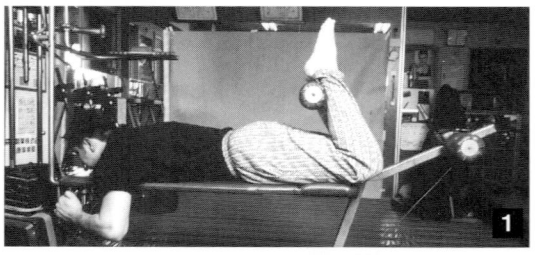

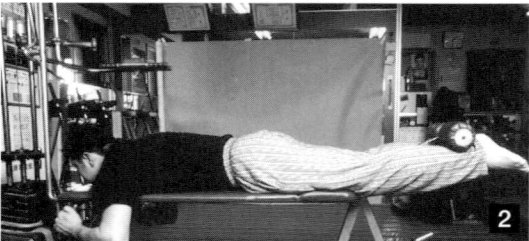

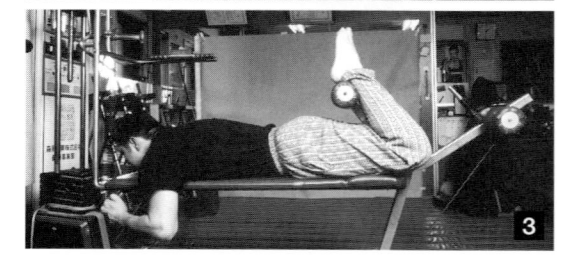

ハムストリングは蹴りの時、蹴り足の重心を前方に移動させ、膝が伸びようとする時、下腿三頭筋とともに収縮します。また、軸足が立った状態で下腿三頭筋、前頸骨筋とともにバランスを取ります。

つまさきを立てた状態（下腿三頭筋、アキレス腱がストレッチされている状態）でパットにかかとをつけうつぶせに寝ます。この状態で膝を浮かせます。運動中、膝をつけないで下さい。

つまさきの方向はまっすぐ、（この状態をニュートラル）にして、レッグエクステンションと同様に3カウントで挙げ、1カウント止めて、4カウントで降ろします。

反復回数は20回、セット数は2セット、セット間の休息は1分とします。

2週間後に3セットに増加し、1ヶ月続けます。

2ヶ月目、切り換え動作を習得するためにレッグエクステンションと同様にスタート地点とスピードを変えます。

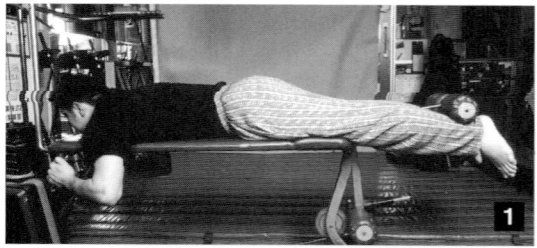

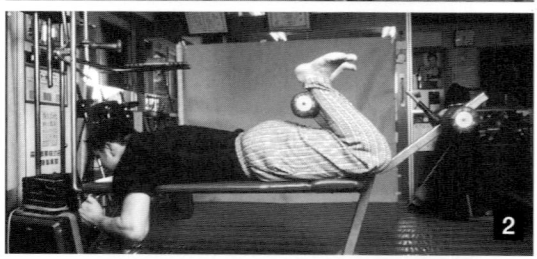

3ヶ月目

3ヶ月目は、足関節回りの筋肉との運動を強化するために行います。

膝を直角に曲げた位置で止め、つまさきを引き、それから素早く伸ばします。往復1回として5回を、レッグカール20回の間に行って下さい。

Nメソッド　鍛練

■ Calf Raise ／ カーフレイズ

1～2ヶ月目

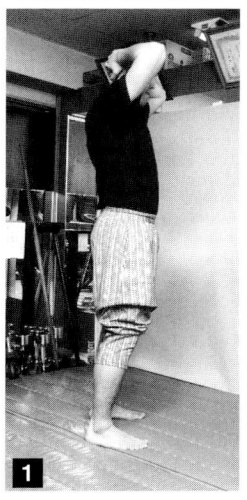

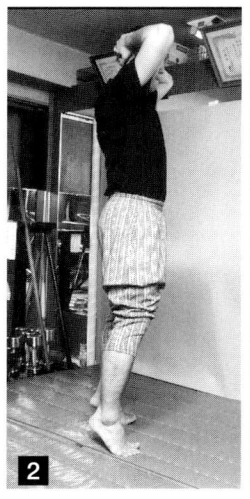

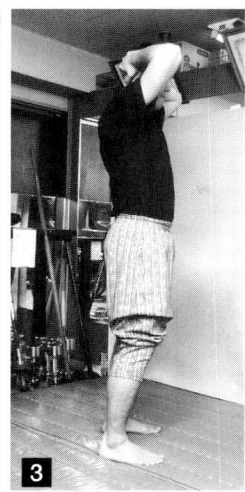

下腿三頭筋は、姿勢を保持し、体幹、四肢を重力との関係でバランスを取ります。
手を頭の後ろに組み、足の母指と次指の間に重さを感じるようにして、つまさきを平行にしたまま、かかとを3カウントで上げてゆきます。この時、体重を前にのせないようにして、かかとをできるだけ高く上げてやや斜め後方に持ち上げます。
かかとが一番高くなった位置で1カウント止め、4カウントで降ろします。
反復回数は20回。セット間の休息は10秒にして3セット、4週間目からは50回×3セットで出来るようにして下さい。

3ヶ月目

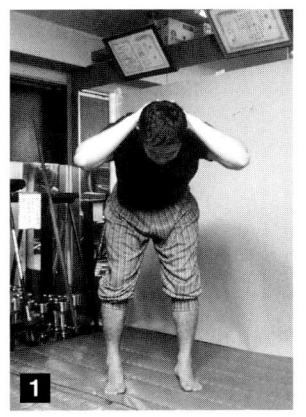

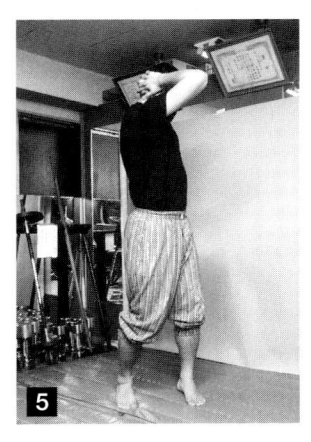

3ヶ月目、下肢と体幹のバランスを取るために行います。
かかとを上げ、一番高い位置で止め、レッグエクステンションと同様に前後、左右に倒す、左右にひねる動作を入れて行って下さい。
20回×3セットから始めて、30回、40回、50回と増加させて下さい。

このプログラムAと次に解説しているプログラムBとを週1回づつ行って下さい。少ない様ですが、空手の技術練習も行う事も考えると、筋肉への刺激は十分だと思います。
空手の技術練習はなるべくレジスタンストレーニングとは離し、技術練習をレジスタンストレーニングより前に行うようにして下さい。

Chapter 1 Resistance

PROGRAM 1-B

Achieving Maximum Muscular Strength 2
最大筋力をつくる２

　ここでは、突き技を意識したトレーニングを行います。突き技に必要な最大筋力を養成します。最後は、体幹を鍛えるためにトランクカールの種目を行います。
　次々と色々な種目を行いたい気持ちがあるでしょうが、時間をかけて鍛錬していくことが「レジスタンストレーニング」の目標です。

■ Bench Press／ベンチプレス

[１～２ヶ月目]

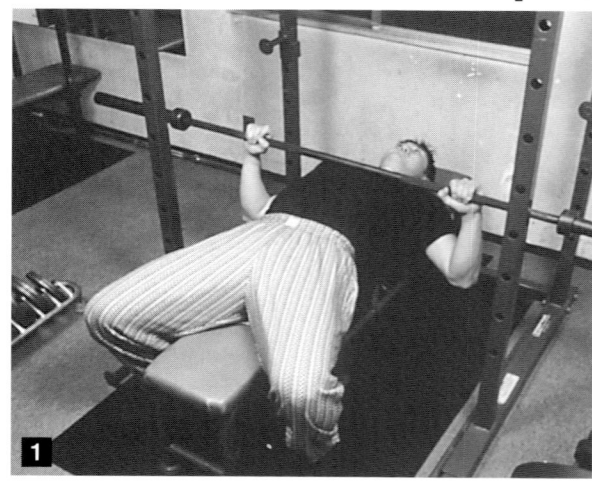

1
突きは腹→胸→肩→上腕三頭筋の滑らかな動きによって威力が増します。大胸筋は突きの時に、腕の水平内転（体の中心へ近づく）や回内動作（手の内へのひねり）をしている筋肉の一つです。したがって、大胸筋の収縮スピードと強さが、強い突きの条件になります。
肩幅より一握りづつ広く握り、腕と体の角度を80～90度に保ちながら胸に降ろします。挙げる時に、肩の後ろが離れないように注意して下さい。10回出来るウエイトで3セット、セット間1分で行って下さい。3週間目に4セット、4週間目に5セットに増加します。

2
２ヶ月目、10回出来るウエイトを半分のウエイトにします。ゆっくり4カウントで降ろし、胸の上で力を抜いて4カウント止め、一気に出来る限りのスピードで挙げます。筋肉はオーバーストレッチされている状態を作るので、あまり重いウエイトは使用せず、拳上するスピードを意識します。むろん三角筋の後部はベンチから離しません。下げる時にすこし顎（あご）を引き、挙げるときに顎を少し上げるとスピードが出ます。10回3セット、3週間目に4セット、4週間目に5セット行って下さい。

［3ヶ月目］

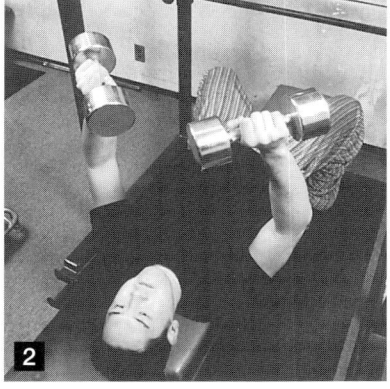

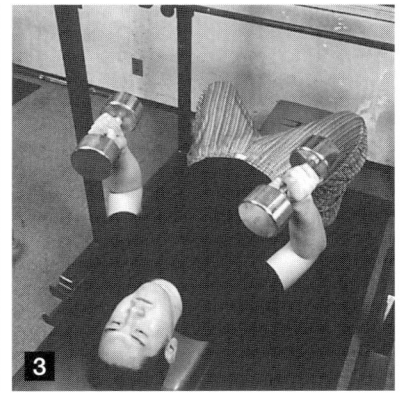

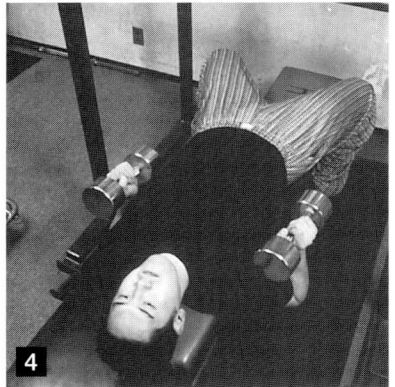

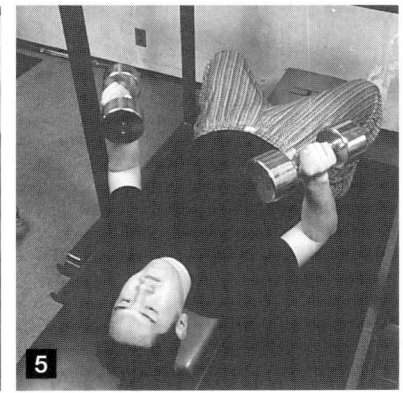

3ヶ月目、ダンベルを使用して、水平内転と回内動作を意識して行います。ダンベルを胸の中心で合わせた姿勢から、ゆっくり手のひらが向き合うように降ろしていきます。挙げる時は、三角形を作るようにして元の位置まで戻します。

◀挙げる時は、三角形を作るようにして元の位置まで戻す。

■ Seated Pulley Rowing ／ シーテッドプーリーロウ

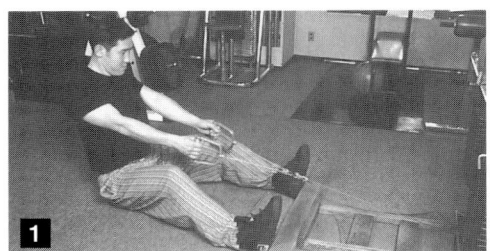

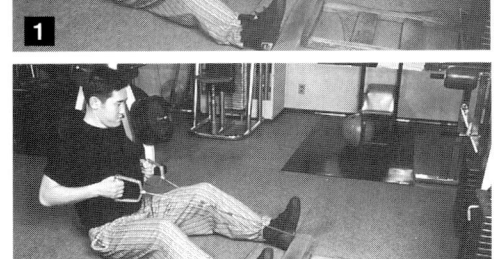

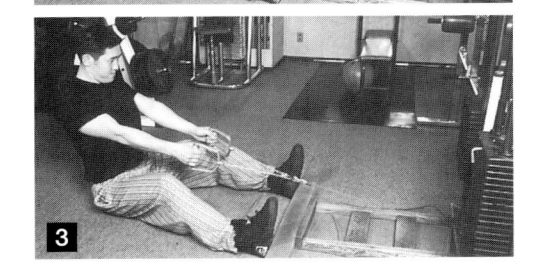

［1ヶ月目］

突きを出せば、次の突きを出すためには、伸ばされた腕、収縮した大胸筋を元の位置に戻さなければなりません。
広背筋は、この時に肩を後ろへ引いていくために使用されます。広背筋の種目では、ラットプルダウンが一般的ですが、ここでは、より胸が広がっていく間隔が意識しやすいシーテッドプーリーロウでトレーニングします。
脚を前に出して座り、腰部への負担を減らすために膝を曲げます。手のひらを互いに向くようにして、腕を伸ばしたまま肩甲骨を内側へ寄せます。次に肩甲骨を内側に寄せたまま、腕を体側へ引いていきます。動作中、背中はまっすぐに保って下さい。
10回出来るウエイトで3セット、セット間1分で行って下さい。3週間目に4セット、4週間目に5セットに増加して下さい。

Chapter 1 Resistance

[2ヶ月目]

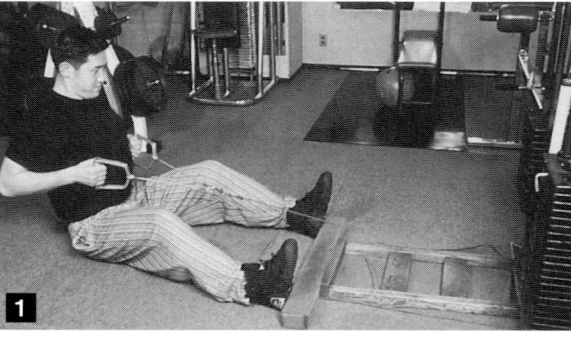

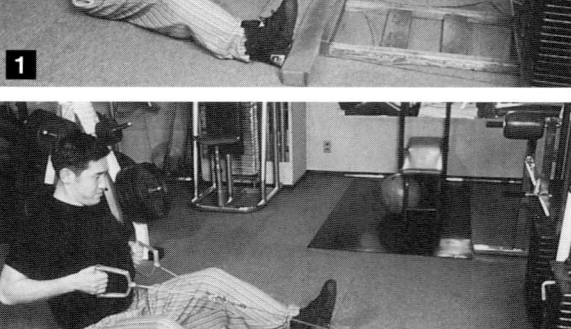

2ヶ月目、動作の切り換えを行います。
引いている位置から力を抜き、スピードをつけて元の位置に戻します。10回出来るウエイトで3セット、セット間1分。3週目4セット、4週目5セットです。

◀ 力を抜いた状態からスピードをつけて元の位置に戻す。

[3ヶ月目]

3ヶ月目は、引きと押しの連動を行います。
片手にケーブルのハンドルを持ち、片手に反対から引っかけているチューブを持ちます。チューブを持った手を耳元に寄せ、ケーブルを持った手は伸ばしている状態がスタートです。ケーブルを持った手を引くと同時にチューブを伸ばしていきます。これを10回づつ行い、休息を置かずに手を替えて行います。これが1セットです。片手で10回出来るウエイトで2セット、セット間1分。3週目に3セット、4週目に4セット行って下さい。

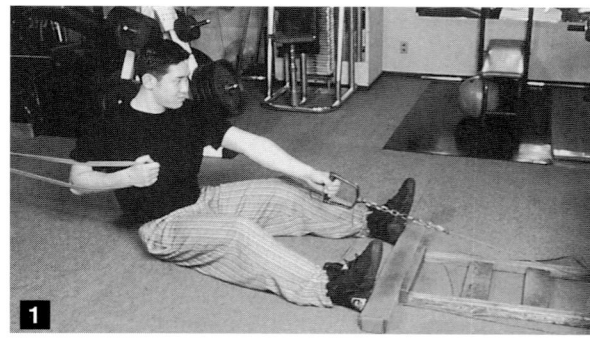

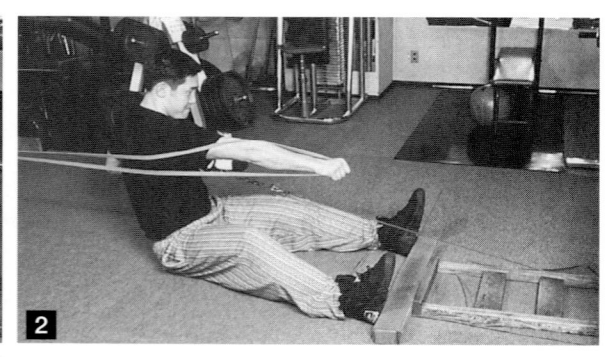

▲ 補助者をつけてトレーニングを行う。

■ Trunk Curl ／ トランクカール

［1ヶ月目］

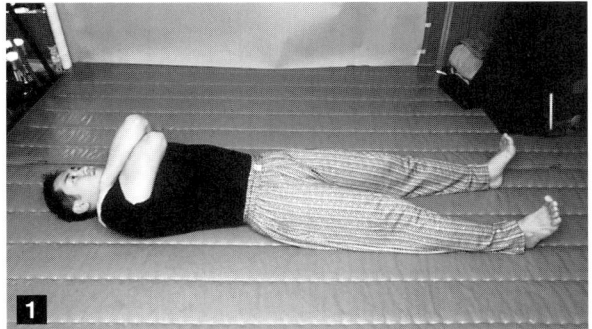

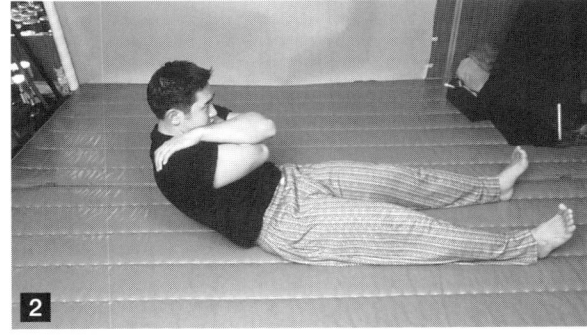

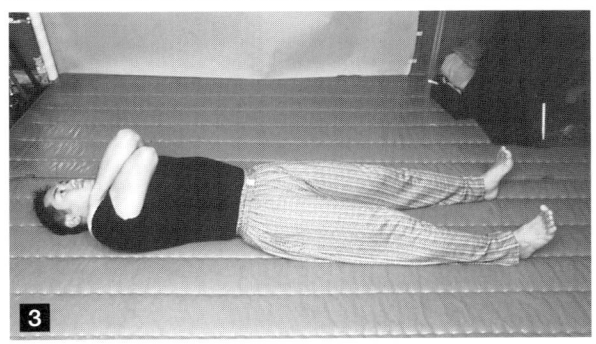

最後に、パワーを発生させる体幹の種目を行います。
膝を伸ばし、仰向けに寝ます。手を胸の前に組み、脚を平行にして合わせます。肋骨を骨盤に近づけるように、肩甲骨の下がるまで、体を曲げていきます。腹圧を高める為に、あげる時に息を吸います。
1カウントで挙げ、曲げた位置で1カウント止め、2カウントで降ろします。
20回3セットでセット間の休息を2週間は2分、3週間目は30秒、4週間目は休息なしで60回連続で行えるようにして下さい。

［2ヶ月目］

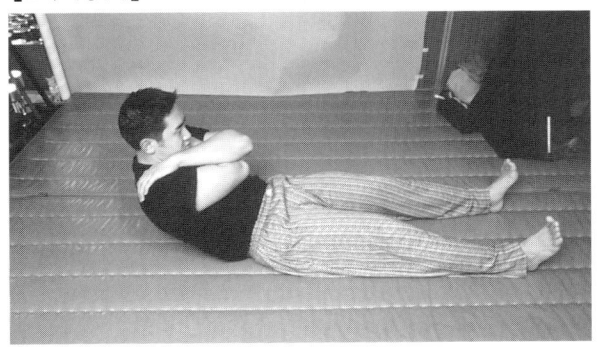

2ヶ月目、腹直筋を収縮した位置（曲げた状態）から力を抜き、スピードをつけて元の位置に戻ります。これを連続で60回、1分30秒から始めて、1分間で行えるようにして下さい。

3ヶ月目、60回3セット。セット間の休息を2週間は1分、3週目は30秒、4週目は休息なしで180回を3分で行えるようにして下さい。

PROGRAM 2-A

Achieving Maximum Muscular Strength 3
最大筋力をつくる3

「レジスタンストレーニング」では、常にバランス良く最大筋力をつくることを考えていますので決められたコースを必ず通過してください。好きなものだけを食べるという偏食は許されません。
　自分の体を素材にして、十分に練り上げて行くという気持ちで行って下さい。

■ Leg Extension ／ レッグエクステンション

今回のレッグエクステンションは両足を平行にして行うもの（ニュートラル）、つま先を内側に向けるもの（トゥ・イン）、外側に向けるもの（トゥ・アウト）を各1セットづつ行い、大腿四頭筋に対する刺激を変えます。反復回数20回。

◀ニュートラル横

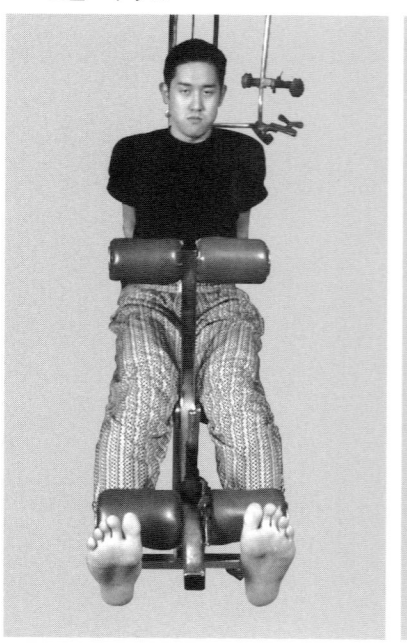

▼ニュートラル　　▼トゥ・イン 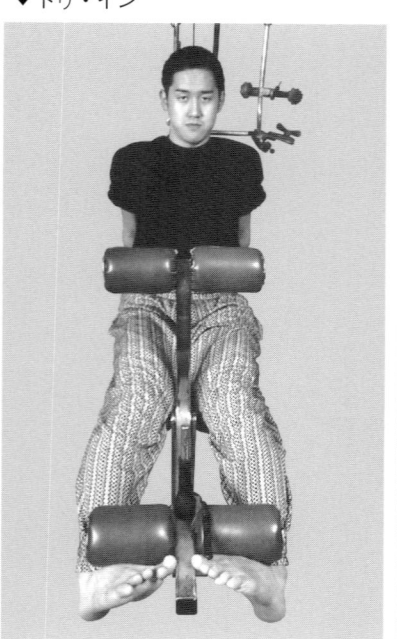　　▼トゥ・アウト

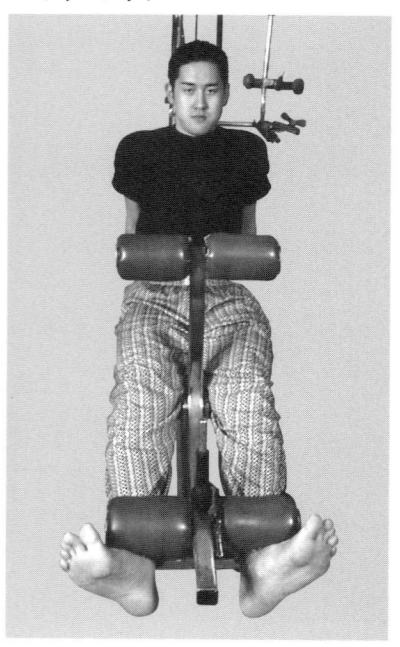

■ Knee To Chest ／ニー・トゥ・チェスト

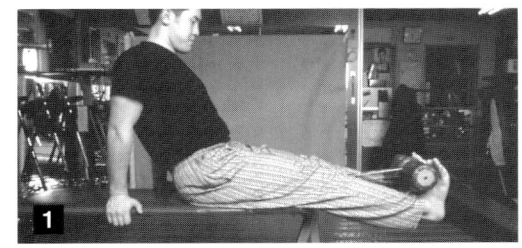

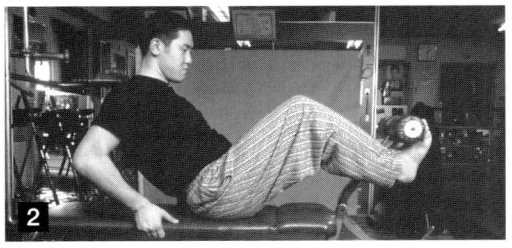

通常のレッグエクステンションでは蹴りや体重を支持する大腿四頭筋を刺激する事が出来ません。この種目は、大腿直筋を刺激し、同時に腸腰筋、腹直筋も鍛えます。
レッグエクステンションのパットにつま先をかけ、胸まで引きつけます。反復回数20回。

■ Leg Curl ／レッグカール

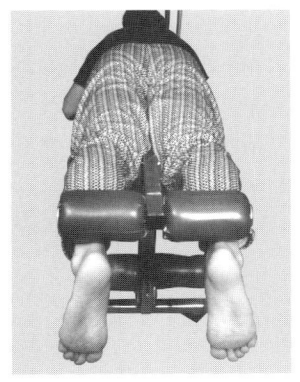

▲スタート位置 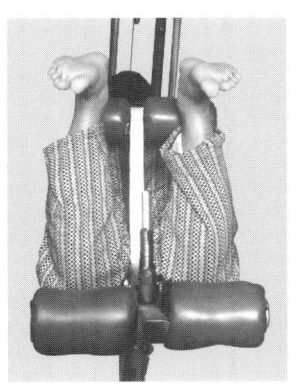　　▲ニュートラル 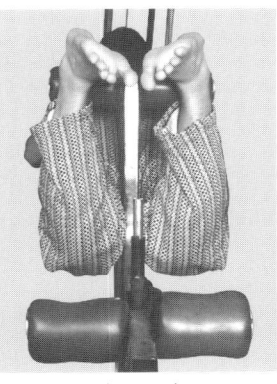　　▲トゥ・イン 　　▲トゥ・アウト

レッグエクステンションと同様にニュートラル、トゥ・イン、トゥ・アウトで各1セットづつ行います。ハムストリングスに対する刺激を変えます。反復回数20回。

■ Back Extension ／バックエクステンション

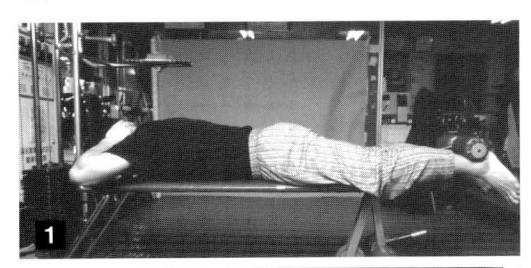

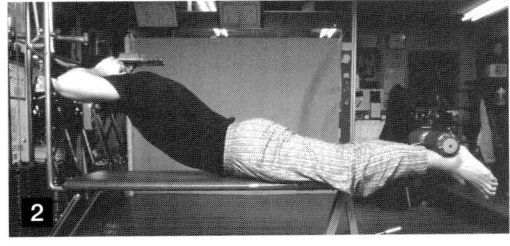

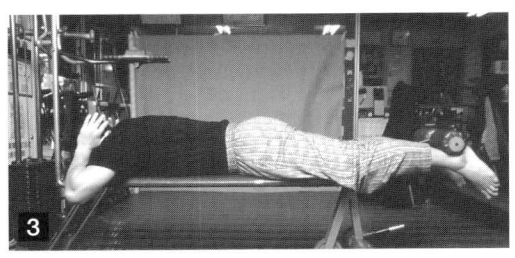

背筋を刺激すると同時に、骨盤を固定するために殿筋、ハムストリングスも連動しています。
レッグカールのパットに足をかけ、肘を高く張り、上体を反らし1カウント静止して降ろします。反復回数20回。

■ Calf Raise ／ カーフレイズ

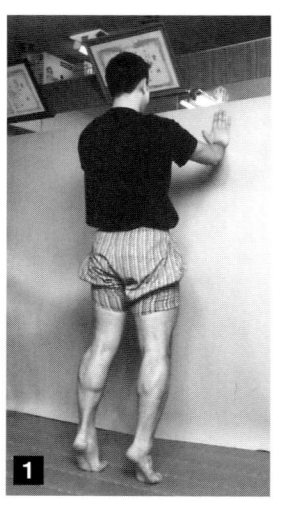

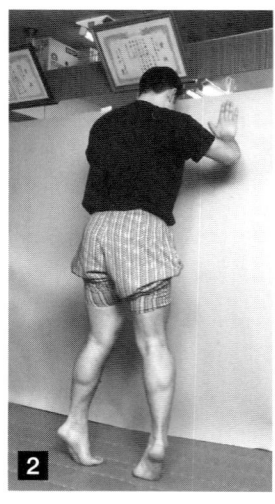

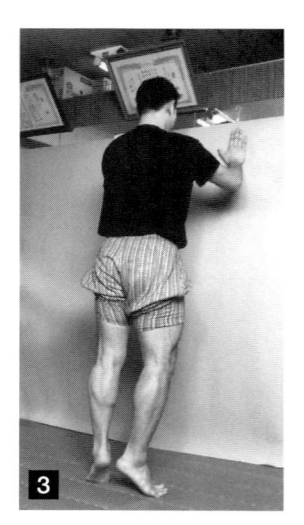

レッグエクステンションと同様にニュートラル、トゥ・イン、トゥ・アウトで各1セットづつ行います。下腿三頭筋に対する刺激が変わります。反復回数20回。

■ Toe Raise ／ トゥレイズ

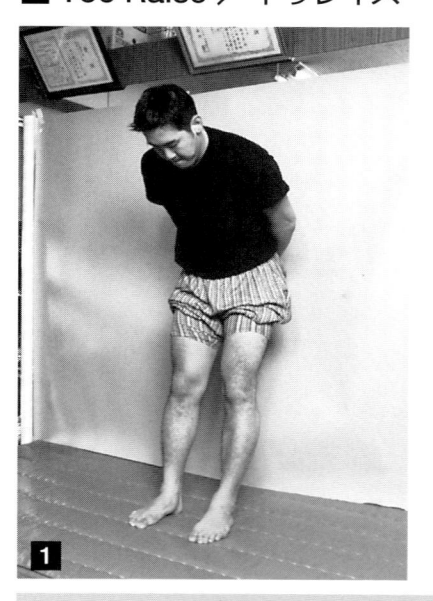

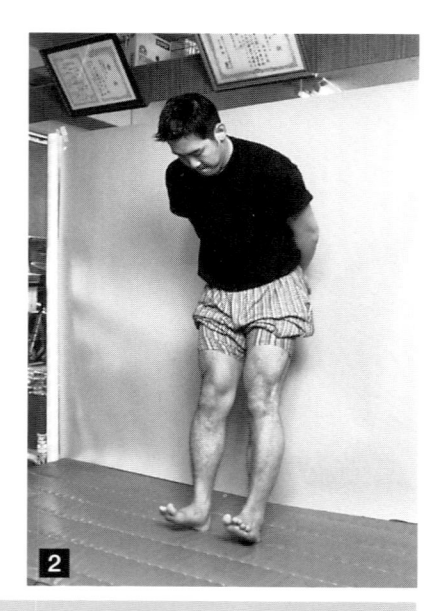

下腿三頭筋だけを強化していくと、前脛骨筋とのバランスが崩れる傾向があるので、ここで前脛骨筋を鍛えていきます。反復回数20回。

1ヶ月目はレッグエクステンションとニー・トゥ・チェスト、レッグカールとバックエクステンション、カーフレイズとトゥレイズをスーパーセットにくみます。
2ヶ月目はレッグエクステンションとレッグカール、ニー・トゥ・チェストとカーフレイズ、バックエクステンションとトゥレイズをスーパーセットにくみます。
3ヶ月目はレッグエクステンションとトゥレイズ、ニー・トゥ・チェストとバックエクステンション、レッグカールとカーフレイズをスーパーセットにくみます。
3ヶ月間ともに20回3セット、セット間は1分です。

Nメソッド 鍛練

PROGRAM 2-B

Achieving Maximum Muscular Strength 4
最大筋力をつくる4

それぞれの種目がどの筋力を高めるトレーニングなのかを意識して行うことが重要です。闇雲に行うのではなく各部位に意識を集中して行って下さい。

■ Bench Press ／ ベンチプレス

Part 1
パート1では、肘が直角まで伸びたらすぐに降ろす（インナーハーフレンジ）。これを5回行う。

Part 2
6回目からのパート2では、肘を完全に伸ばし、胸まで降ろす（フルレンジ）。

Part 3
11回目からのパート3では、直角より少し浅い所まで降ろして挙げる（アウターハーフレンジ）。

スリーパートでベンチプレスを行います。
10回出来るウエイトで胸まで降ろしますが、肘が直角まで伸びたらすぐ降ろします（インナーハーフレンジ）。これを5回連続で行います。6回目は肘を完全に伸ばし、胸まで降ろすこと（フルレンジ）を5回繰り返します。

11回目は完全に伸ばした位置から直角より少し浅い所まで降ろして挙げます（アウターハーフレンジ）。これを5回繰り返します。回数は15回です。出来なければ、各4回づつの12回でも良いと思います。可動範囲を変える事により大胸筋の刺激が変わります。

Chapter 1 Resistance

■ Bent Over Straight Pull ／ ベントオーバーストレートプル

大胸筋の拮抗筋である僧帽筋と菱形筋を刺激して主働筋とのバランスを整えます。
立位で肩幅より少し広めにラットマシーンのバーを握り、体を45度に前屈します。肩甲骨を内側に寄せて腕をまっすぐにしたまま、バーを体の方へ引いてゆきます。
体重×0.1kgで出来るだけ速く20回繰り返します。

■ Sit Up ／ シットアップ

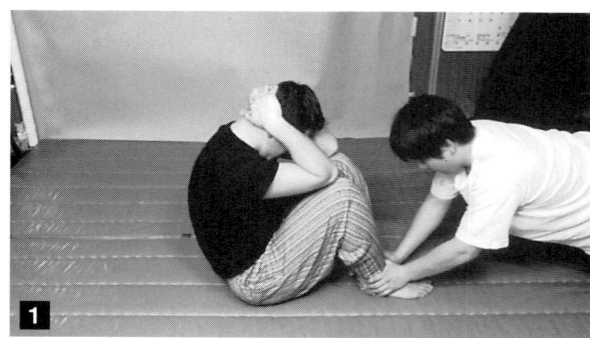

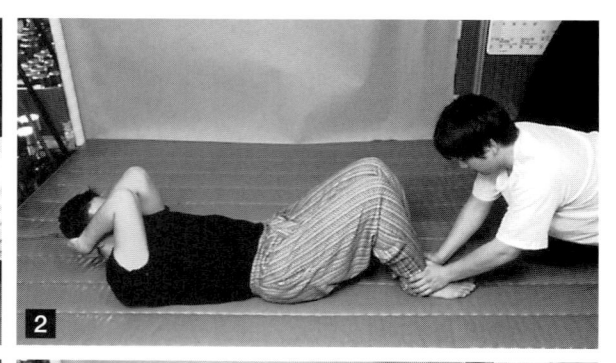

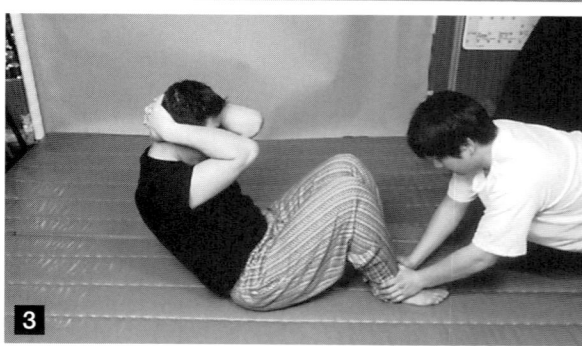

この位置から5回行う（パート1）。
パート2では全範囲で5回行う。

この位置まで5回行う（パート3）。

トランクカールより可動範囲の広いシットアップを使用し、スリーパートで行います。
膝を曲げ、手を頭の後ろに組み、肋骨と骨盤の距離を縮めます。ゆっくり肩甲骨の下がつく所まで降ろして再びあげてゆきます。この範囲を上半分5回、全範囲5回、下半分5回にわけて15回行います。

■ Back Arch ／ バックアーチ

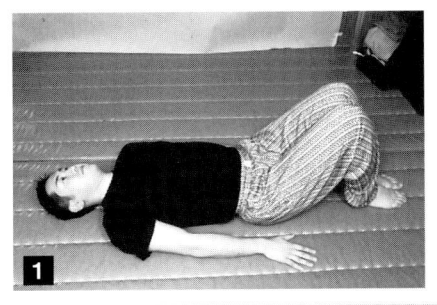

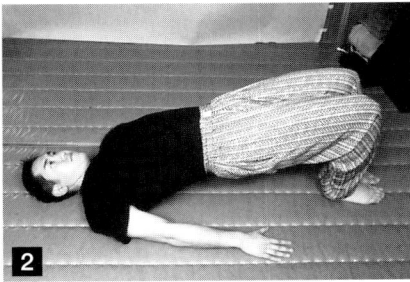

腹筋の拮抗筋で背筋を鍛えて協調性を高めます。
仰向けに寝て、両手を体の横に置き、腰を上げてブリッジします。20回。

1ヶ月目はベンチプレスとベントオーバーストレートプル、シーテッドプーリーロウとセレタス・アンテリオ、シットアップとバックアーチをスーパーセットに組みます。
2ヶ月目はベンチプレスとシーテッドプーリーロウ、ベントオーバーストレートプルとシットアップ、セレタス・アンテリオとバックアーチをスーパーセットに組みます。3ヶ月目はベンチプレスとバックアーチ、ベントオーバーストレートプルとセレタス・アンテリオ、シーテッドプーリーロウとシットアップとをスーパーセットに組みます。
1分間の休息で、3セット行います。

■ Seated Pulley Rowing ／ シーテッドプーリーロウ

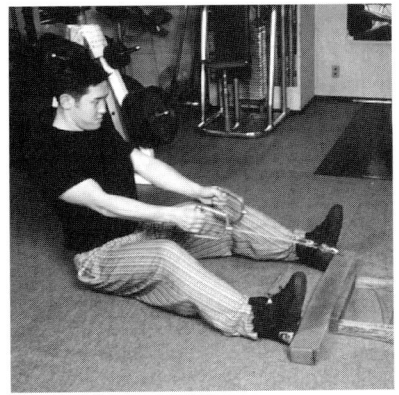

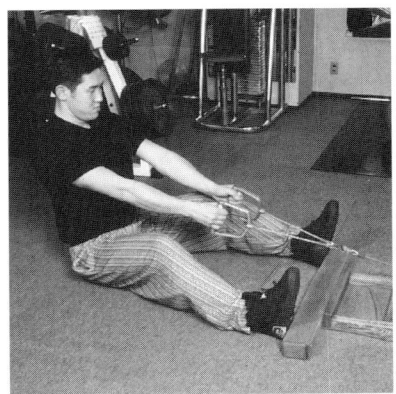

Part 1
パート1では、腕を引いた位置からスタート。いつもの半分まで戻して5回行う。

Part 2
6回目からのパート2では、フルレンジで5回行う。

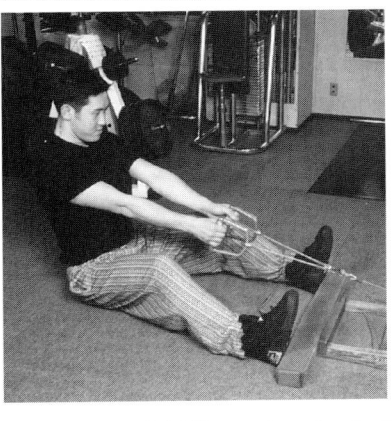

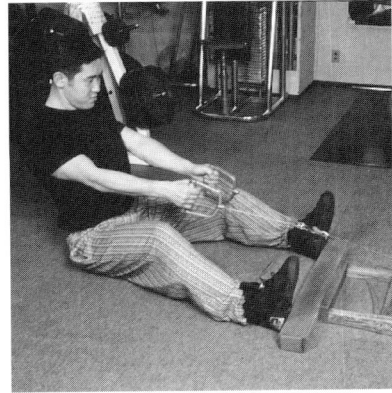

Part 3
11回目からのパート3では、腕を伸ばした状態から半分の範囲で5回引く。

ベンチプレスと同様にスリーパートで行います。
肩甲骨を内側へ寄せ、腕を引いた位置からいつもの半分まで戻して5回行い、6回目からフルレンジで行い、11回目から伸ばした状態から半分の範囲で5回引きます。可動範囲を変える事により、広背筋に異なった刺激が加わります。

■ Serratus Anterior ／ セレタス・アンテリオ

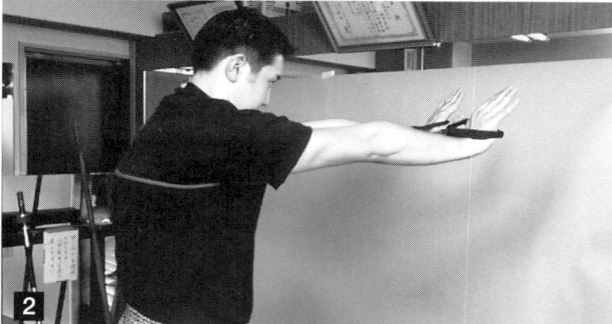

突きを出す時、肩甲骨が外へ引かれます。この時に肩甲骨を胸部に押し付け、外へ引くのを助ける筋肉が前鋸筋です。

両手を肩幅より広めにして背中へチューブを回し、肘を伸ばした状態で肩甲骨を引き付け、次に肩甲骨を引き出します。20回。

PROGRAM 3-A

Achieving Maximum Muscular Strength 5
最大筋力をつくる5

空手にとって突き技は攻撃の糸口であり、主戦力でもあるという重要な技です。ここでも突きを意識してプログラムを組み立ててあります。特にチューブを使ったトレーニングを行うのは突き技の最大筋力を正しく身につけるための工夫ですから正確に、そして相手が目の前にいることを意識して行います。

■ Bench Press（Multi-poundage Method）／ベンチプレス（マルチパウンデッジ法）

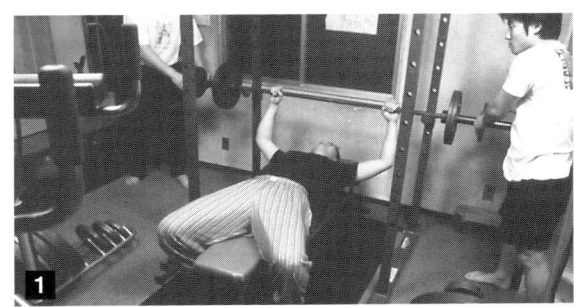

挙げられなくなったらラックにバーベルを戻し、パートナーにプレートを5kgづつ抜いてもらう。

10回で出来るウエイトを使用しますが、なるべく小さいウエイトのプレートをセットするようにします。例えば50kgが10回挙がるとします。20kgシャフトを使用するなら、片方に10kgと5kg又は15kgのプレートを使用するのが普通ですが、これを5kgプレートを3枚使うようにします。これでマルチパウンデッジ法を使用するベンチプレスの準備が出来ました。

50kgで出来る限りの回数を繰り返します。挙げられなくなったらラックにバーベルを戻し、パートナーにプレートを5kgづつ抜いてもらいインターバルを取らずに40kgで出来る限りの回数を繰り返します。挙げられなくなったら、再びラックにバーベルを戻し、パートナーにプレートを5kgづつ抜いてもらいます。インターバルを取らずに30kgを出来る限り繰り返します。この3セットの繰り返しを1循環として、これを2循環行います。循環間の休息は3分取って下さい。

■ Shoulder Dumbbell Press／ショルダーダンベルプレス

三角筋は突きを出す大胸筋と上腕三頭筋をつなぎ、素早い腕の動きを作ってゆきます。

ダンベルを両手に持ち、手のひらを向き合うようにして、鎖骨の前で構えます。そしてそのまま斜め上に挙げてゆきます。

10回3セット、セット間の休息1分で行います。

1ヶ月後に4セット、2ヶ月後に5セットに増加して下さい。

■ Tube／チューブの押し出し

突きでは、胸、肩、肘、前腕、手首が滑らかに伸びていく事が大事ですが、個々の筋肉をトレーニングする事により、末梢の速度に悪い影響が出ることが考えられます。

そこで突きの動作でのトレーニングが必要となり、正確な突きの動作を崩さないチューブでの負荷トレーニングを行う必要が出てきます。

1

〈1〉まず、チューブを後ろでパートナーに持ってもらい、前に押し出します。出来るだけ速く交互に押し出しますが、チューブが収縮する時に、上腕二頭筋が収縮していく感じを大事にして下さい。30秒間正確に200回を目標にします。セット間1分です。

2

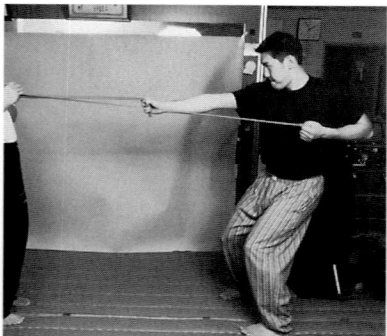

〈2〉次にチューブを前でパートナーに持ってもらい、前に押し出します。出来るだけ速く交互に押し出す事は前のセットと同じですが、上腕三頭筋はチューブの助けを借りて、伸ばされているので、スピードにのせて伸ばし出す感じをつかんで下さい。

3

〈3〉次は、チューブを後ろでパートナーに持ってもらい、前に伸ばさせる様に力を入れますが、パートナーは前に出させない様に5カウント保持してチューブを放します。左右10回づつ行います。

> 1ヶ月間は〈1〉の方法で3セット、2ヶ月目は〈2〉の方法で3セット、3ヶ月目は〈3〉の方法で3セット行って下さい。

PROGRAM 3-B

Achieving Maximum Muscular Strength 6
最大筋力をつくる６

> ここでは体幹とのバランスを意識してトレーニングを進めますが、最後のネックベントはもう一つのポイントとなります。顔面への突き・蹴りの攻撃を受けた場合の耐久力を強化します。
> 「レジスタンストレーニング」では、空手にとっての最大筋力をいかに効率良く、しかも強固なものにするかを考えてつくられています。

■ Dead Lift ／デッドリフト

蹴り、突きのパワーは体幹を中心とした軸の回転から生まれます。安定した腰の切れの良い小さな動きが、末梢の大きく早い動きを作ります。この体幹の安定性を高めるトレーニングがデッドリフトです。

腰幅で足のスタンスを決め、少し外に開きます。床に置いたバーベルを肩幅より少し広いグリップで握り、肩甲骨を内側へ寄せ、胸を張り、膝を曲げます。頭の位置を常に腰より高く保ち、脚で床を踏み抜く様にかかとに重心を移してバーベルを引き上げていきます。引く時に息を吸い、腹圧を高め、降ろしきった時に吐きます。正しいフォームで行うことで、腹部と背部のバランスが取れるようになります。

２ヶ月目４セット、３ヶ月目５セットで10回出来るウエイトで３セット１分間休息で行います。

■ Leg Press ／レッグプレス

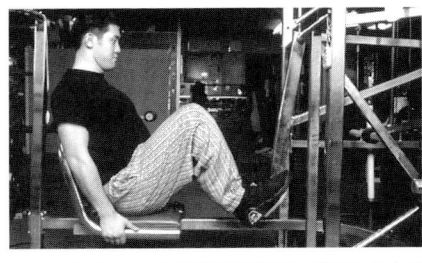

レッグプレスは大腿四頭筋の種目ですが、（レッグエクステンションが膝を伸ばす"単関節トレーニング"であるのに対して）"股関節を伸ばす動き"も加わった"複合関節トレーニング"と言えます。スクワットの様な腰背部の負担がかからず、フォームもやさしい種目と言えます。スクワットで床を踏み込む感覚をつかむ為に行います。ここでは、マシーンで行いますが、45度のレッグプレスマシーンを使用した方が、より感覚を覚えやすいと思います。

■ Hanging Frog Kick ／ ハンギングフロッグキック

20回3セットをレッグプレスとスーパーセットで組みます。セット間休息は1分です。

シットアップと比較すると腸腰筋の関与の少ない腹部の種目です。レッグプレスが脚を伸ばしながら、力が入ってゆく種目なので、脚を曲げながら力を入れていく種目と交互に行うことにより、背部の緊張をとっていきます。
脚を伸ばしてぶらさがり、膝を曲げながら胸に近づけていき、膝の角度が直角になったら止めて、ここからは腰を丸めて胸を近づけます。降ろす時はこの逆で行います。

■ Neck Bent ／ ネックベント

今まで突き、蹴りを中心として攻撃力を強化するトレーニングを書いてきました。では、突き、蹴りを攻撃された時の「打たれ強さ」を養うトレーニングというのはあるのでしょうか？
腹部は内臓への攻撃に対する耐久力をつける為に、メディスンボールを落としたり、人に腹に乗ってもらい足で踏んでもらったり、実際に腹を殴ってもらってトレーニングすることが出来ます。顔面はこれを行うことは難しいのです。なぜなら、顔面は衝撃を加えられることにより脳にダメージを受けます。これは、打たれれば打たれるほど、ダメージは蓄積します。したがって、顔に実際に衝撃を与えて鍛えることは危険をともないます。
頭が、首の筋肉によって支えられている事を考えると、顔面を衝撃から強くするトレーニングとしては、首の筋肉を鍛えることが適切だと思います。
前方、側方、後方の3種類を行います。前方、側方では、胸鎖乳突筋、後方では僧帽筋が使われています。

前方

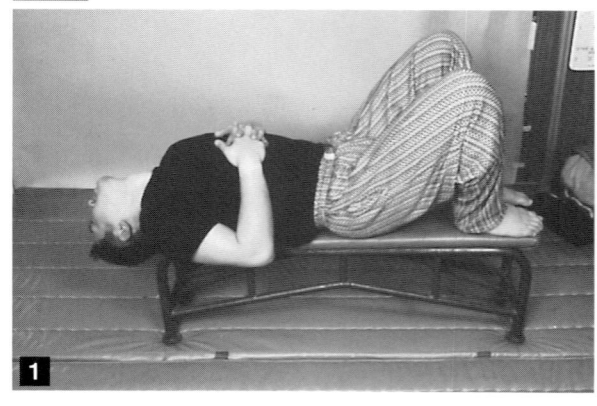

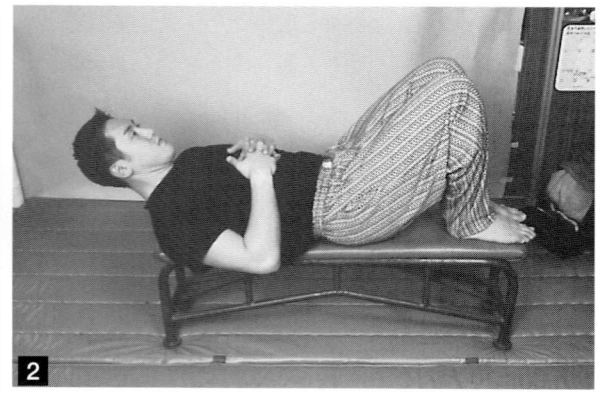

ベンチから頭を先に出して、上向きに寝ます。ゆっくりと降ろし、その状態からあごに近づけるようにして曲げ、再びゆっくり戻します。20回。

N メソッド　鍛練

側方

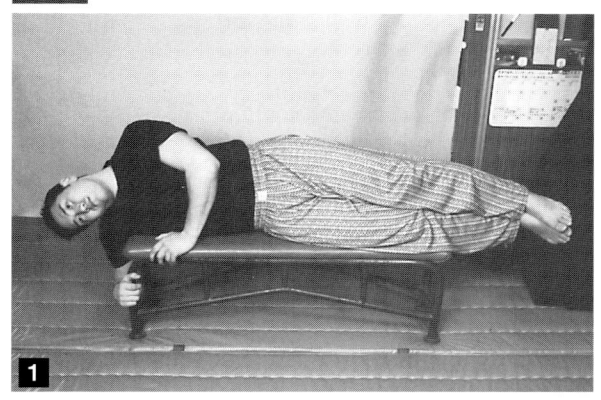

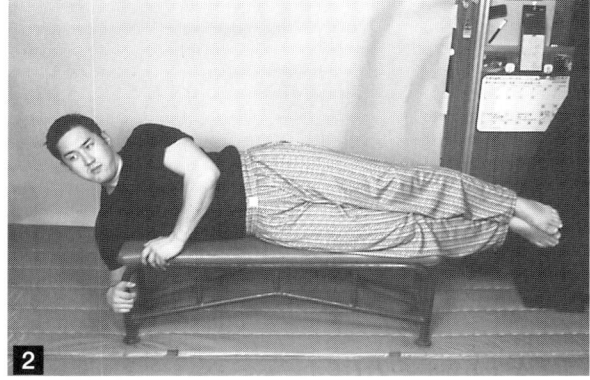

次は横向きに寝て、ゆっくり横に倒し、その状態から耳を肩に近づけるように倒します。
続けて反対側を行います。20 回。

後方

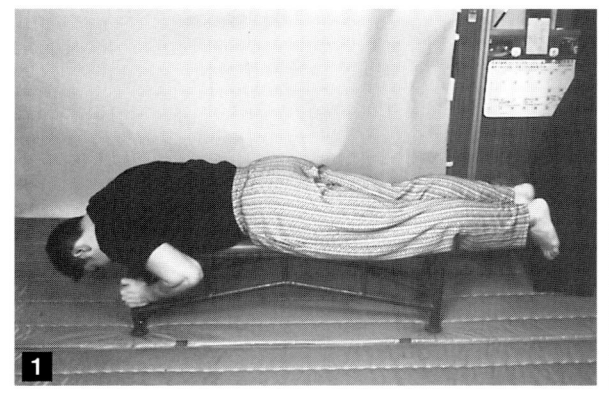

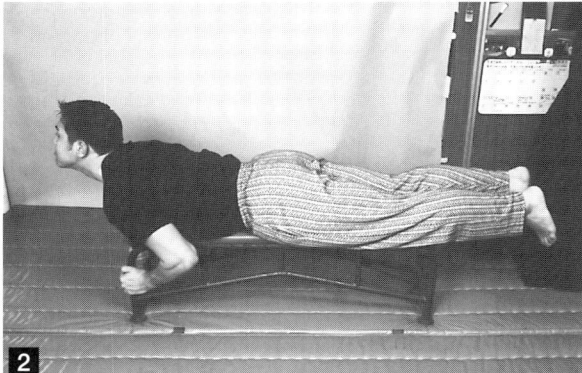

次はベンチから頭を先に出しうつぶせに寝ます。ゆっくり降ろして、その状態から頭をあげていきます。20 回。これで 1 循環です。2 循環行って下さい。

PROGRAM 4-A

Achieving Maximum Muscular Strength 7
最大筋力をつくる7

ここでも突きを意識したプログラムとなっていますが、あくまでも体幹とのバランスを考えて組み立てられていますので、腕だけの動きにとらわれないようにして下さい。

チューブを使ったトレーニングの有効性を前回十分に認識されたと思います。今回は動きの中で攻撃することを想定し、角度を変えて行いバランス良く鍛えていきます。

■ Incline Dumbbell Bench Press ／インクライン・ダンベルベンチプレス

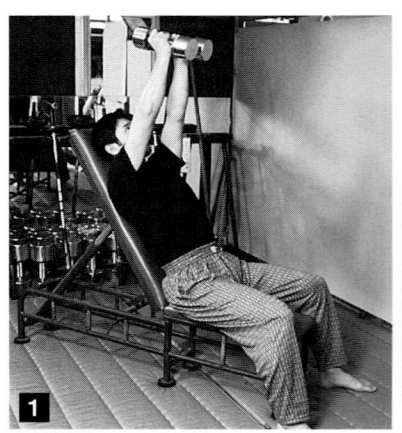

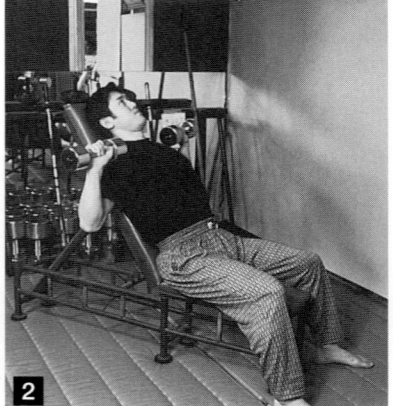

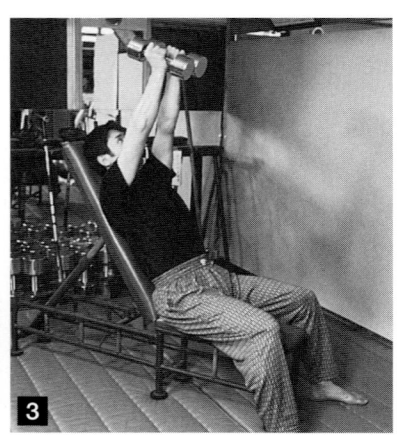

大胸筋上部は、少し上から出る突きを出す時に使用されます。45度位のインクラインベンチに寝て、(10回ベンチプレスが出来るウエイトを半分にして、更に2／3にしたウエイト）ダンベルを持ち、手のひらが向き合うように下げていきます。三角形に上下させる形になります。10回3セットから始めて、2ヵ月目4セット、3ヵ月目5セットに増加して下さい。セット間は1分の休息を取ります。

■ Lat Pull Down ／ラットプルダウン

大胸筋の拮抗筋である広背筋の種目です。

ラットプルダウンは、手を伸ばしたまま肩甲骨を内に寄せ、それから腕を体側に引いて。

いきます。バーは体の前へ顎の位置まで降ろして戻して下さい。

■ Front Raise ／ フロントレイズ

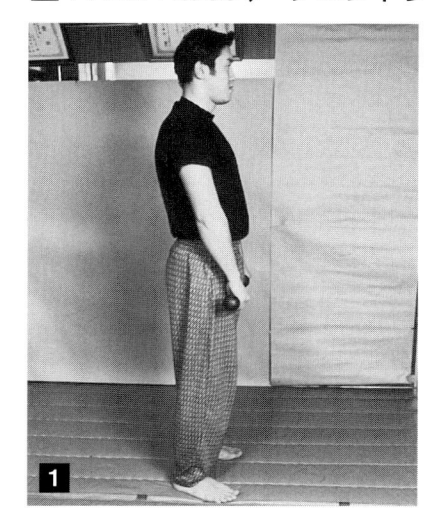

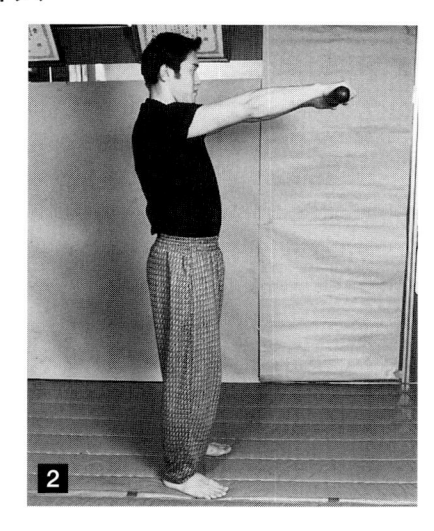

三角筋前部は広背筋と拮抗します。ラットプルダウンとこのフロントレイズをスーパーセットで交互に行う事で、筋肉の収縮力をアップさせます。ダンベルを両手に持ち、手のひらを下にして、眼の高さまで挙げて、ゆっくり降ろします。
ラットプルダウンとフロイトレイズともに10回3セット。セット間の休息は1分です。

■ Barbell Curl ／ バーベルカール

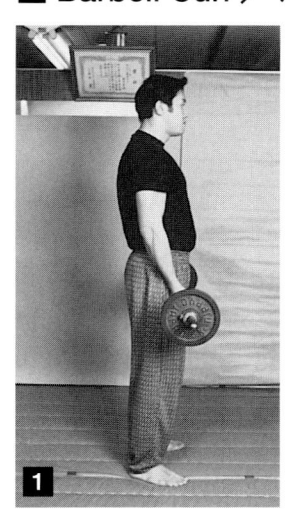

突きを出す時、腕を強く内旋するので、上腕二頭筋の腱部に大きな負担がかかり、傷害の原因になります。この腱部の傷害を予防する為に、上腕二頭筋を鍛えておく事が必要です。肩幅より少し広めに握りゆっくり直角まで曲げて、この角度をキープしながら肩まで腕をあげていきます。
10回3セット、下のチューブの押し出しとスーパーセットを組みます。

■ Tube ／チューブの押し出し

前回行っていたチューブの押し出しですが、押し出す角度を変えています。

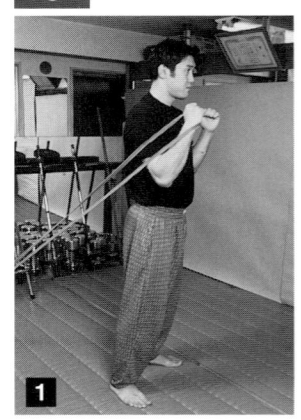

〈1〉チューブをパートナーに後ろから少し斜め上に持ってもらいます。
〈2〉チューブをパートナーに前から少し斜め上に持ってもらいます。
〈3〉チューブをパートナーに後ろから少し斜め下に持ってもらい、5秒キープ後、放してください。

バーベルカールと、チューブの押し出し〈1〉を1ヶ月、チューブの押し出し〈2〉を1ヶ月、チューブの押し出し〈3〉を1ヶ月行って下さい。回数は前回（プログラム3A）に準じます。

PROGRAM 4-B

Stability of Trunk 1
体幹の安定をつくる 1

　上肢・下肢のトレーニングを強化しながら体幹とのバランスを意識してトレーニングをしていることは理解しているでしょうか。空手の技術力ばかりを追い求め、四肢の筋力アップにのみ興味を持つ選手が多い中、皆さんには体幹の重要性をもっと知ってもらいたいのです。
　ここでは、体幹の安定性を中心にトレーニングを行います。

■ Dead Lift ／ デッドリフト

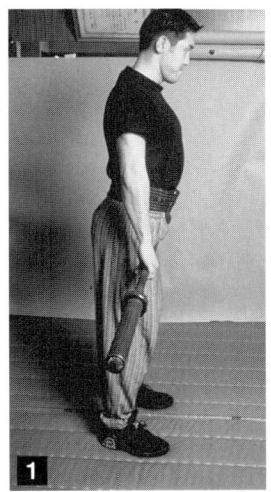

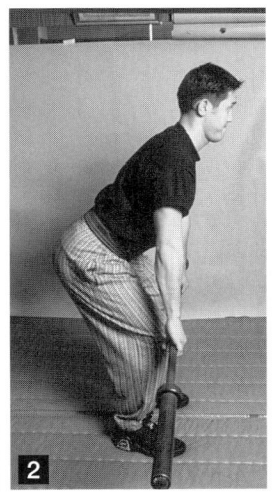

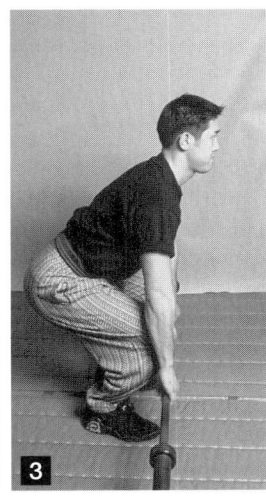

体幹の安定性は、体幹の両側の筋肉がうまく収縮する事により保たれます。
今回はシットアップとスーパーセットを組み、よりこの感覚をつかみやすくしてみます。
ラックからバーベルをゆっくり、膝の上まで降ろして、ここで5カウント止めて元に戻します。
これを10回出来るウエイトで5回行います。

■ Holding Sit Up ／ ホールディングシットアップ

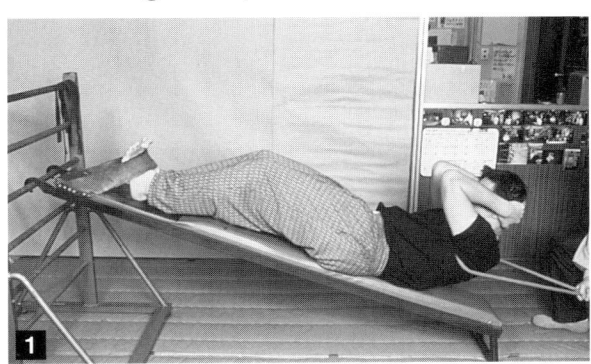

シットアップ台を30度～40度の傾斜にして足をかけます。一番力が入る位置で止めて、パートナーにタオルで引っぱってもらい、5カウントキープして、元に戻します。これを5回繰り返します。
ホールディング・シットアップとシングルレッグド・カーフレイズを連続で行い、1分間休み、3セット行います。

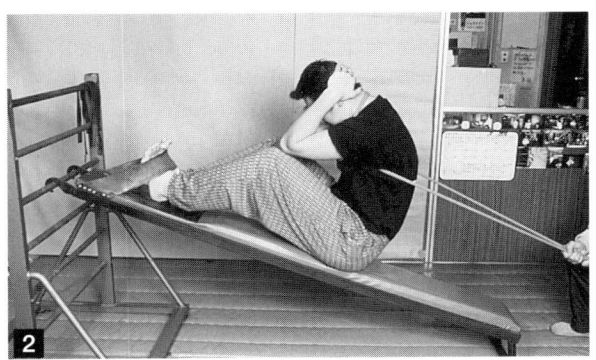

Chapter 1 Resistance

Nメソッド 鍛練

■ Single Legged Calf Raise ／ シングルレッグド・カーフレイズ

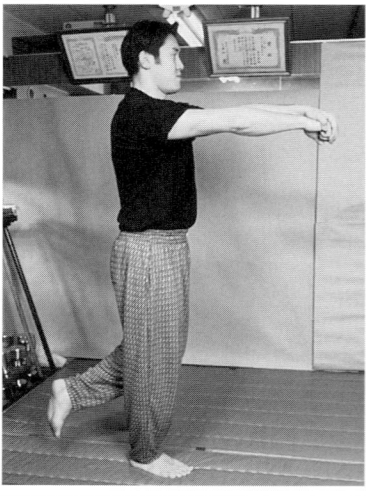

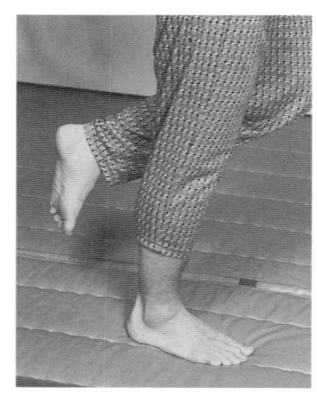

1 腕を、手のひらを下にして、肩の高さまで挙げて、片方の下腿を後ろに曲げ、片足で立ちます。この姿勢を保ちながら、かかとをゆっくり20回挙げ下げします。20回終了したら、パートナーが手首かを上から10カウント押すのをこの姿勢で保ちます。

反対の足を同様に行い、交互に休みなく2セットづつ行います。

2ヶ月目は3セット、3ヶ月目は4セット続けて行えるようにして下さい。

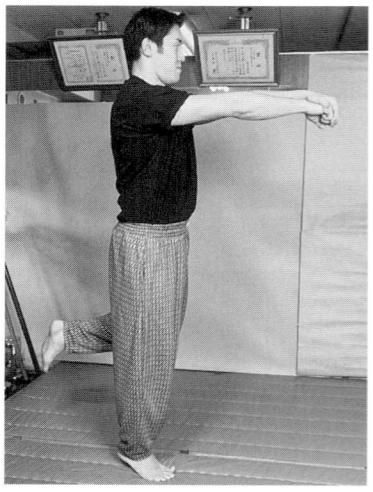

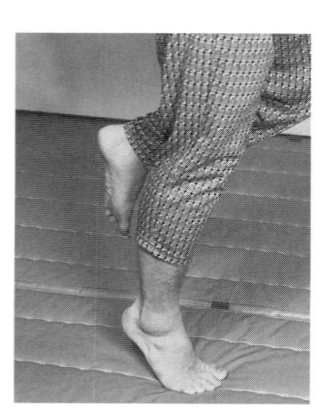

2 頭にネックフレクション用のストラップをつけて、やや足を曲げて、前傾して立ち、片方の下腿を後ろに曲げ、片足で立ちます。この姿勢を保ちながら、カーフレイズを20回行い、その後10カウントこの姿勢をキープします。

反対の足を同様に行い、交互に2セット、休みなく行って下さい。

2ヶ月目は3セット、3ヶ月目は4セット続けて行えるようにして下さい。

PROGRAM 5-A

Stability of Trunk 2
体幹の安定をつくる2

　ここでは体幹の安定を十分に練り上げながら、突きのための筋力を最大限に引き上げていきます。特に後半は突き技を意識しながら筋持久力を最大限につくることを目的としています。

■ Decline Dumbbell Press ／ デグライン・ダンベルベンチプレス

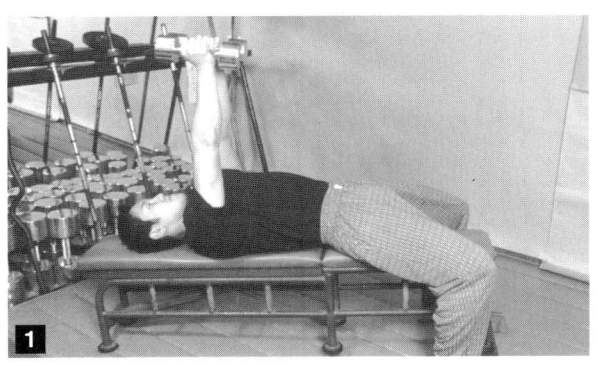

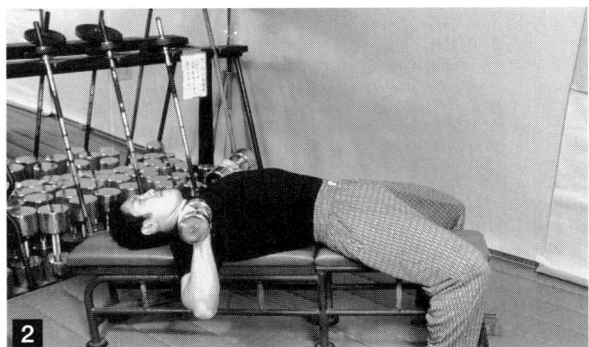

大胸筋下部（腹部）は少し上から突きを打ち降ろす時に使用されます。
15度ぐらいのデグラインベンチに寝て（10回ベンチプレスが出来るウエイトを半分にして）ダンベルをベンチプレスと同じ様に動かして下さい。

■ Diagonal Chinning ／斜め懸垂

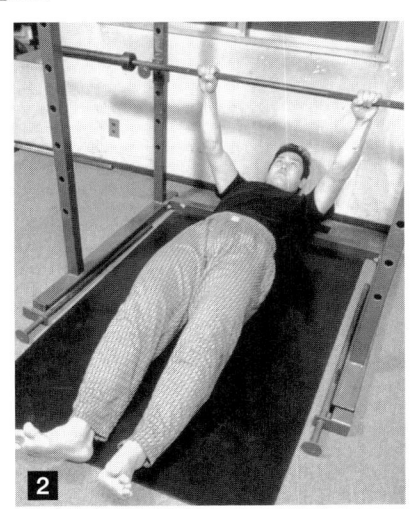

広背筋の運動として自主負荷（体重）を利用した種目を入れます。
肩甲骨を寄せ、それから体をバーに近づけていきます。
10回3セット、サイドレイズとスーパーセットを組みます。

■ Side Raise ／ サイドレイズ

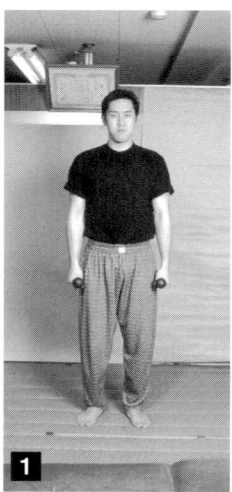

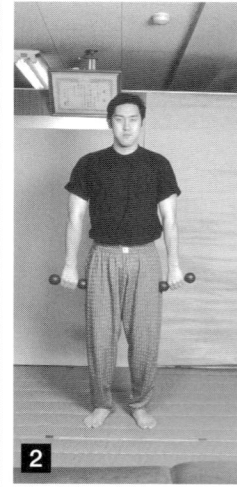

三角筋中部の種目で肩を外転させる事で広背筋の拮抗筋となります。手のひらを下に向け、体側から横に挙げていきます。肘より高くダンベルが挙がらない様に注意して、90度で止め、ゆっくり降ろします。
10回3セット、斜め懸垂とスーパーセットを組みます。

■ Triceps Pull Down ／ トライセップスプルダウン

大胸筋と上腕三頭筋を中心とする筋肉の収縮の速さが突きのスピードを決定します。
上腕三頭筋の種目とチューブの押し出しをスーパーセットで行う事により、空手の動きに近づけた筋力発揮を目的とします。
ラットマシーンのバーを肩幅で握り、肘を体側につけたまま、肘をゆっくり伸ばします。

■ Tube／チューブの押し出し

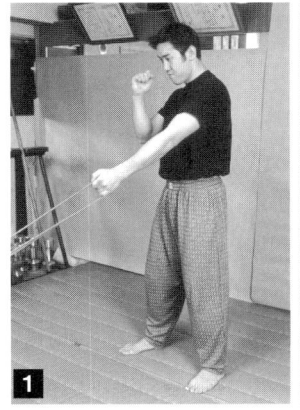

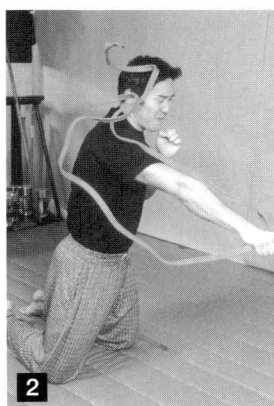

〈1〉チューブを後ろ斜め上にパートナーに持ってもらい押し出します。
〈2〉チューブを前斜め下にパートナーに持ってもらい押し出します。
〈3〉チューブを後ろ斜め上からパートナーに持ってもらい5カウント保持し、放してもらいます。

1ヶ月目はトライセップスプルダウンと〈1〉、2ヶ月目はトライセップスプルダウンと〈2〉、3ヶ月目はトライセップスプルダウンと〈3〉をスーパーセットで行います。

PROGRAM 5-B

Maximum Muscular Strength Method 1
最大筋力法 1

　プログラム1-A～4-Bまで筋肥大、筋持久力を目的として種目が組み立てられていました。最大筋力をつくる土台作りだったといえます。ここからは、さらに筋肉をアップするための種目とその補助種目に切り換えていきます。
　いよいよ自分の身体が改造されつつあることを実感してくる頃になります。

プログラム4まで筋肥大、筋持久力を目的としていた種目を、筋肉をアップするための種目とその補助種目に切り換えていきます。まずデッドリフトを最大、または最大に近い負荷で行う最大筋力法にします。

■ Dead Lift ／ デッドリフト

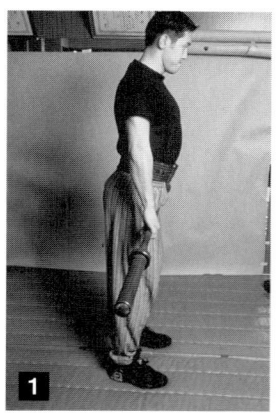

デッドリフトで10回出来るウエイトでウォームアップします。プラス5kg加えて、5回×5セットを行います。セット間は5分取ります。
1ヶ月目から6回×5セットを目標として、6回×5セット出来たら5kgを加えて、5回×5セット行って下さい。

■ Shrug ／ シュラグ

僧帽筋は肩全体を固定し、頭部を支え、素早い腕の動きを助けます。
肩幅でバーベルを握り、肩甲骨を内側へ寄せながら、耳の後ろへ引いていきます。
10回3セット、ショルダーディプレッションとスーパーセットを組みます。

■ Shoulder Depression ／ ショルダーディプレッション

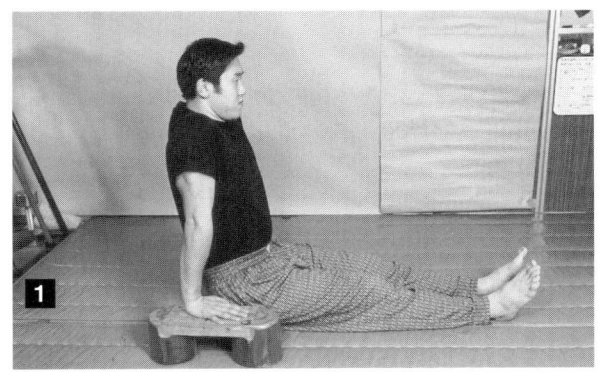

シュラグと共に行う事で、肩甲骨周辺の筋肉を向上させ、バランスを整えます。
足を伸ばして床に座り、両手を台に置き、尻が床から上がるまで押します。

■ Crunch ／ クランチ

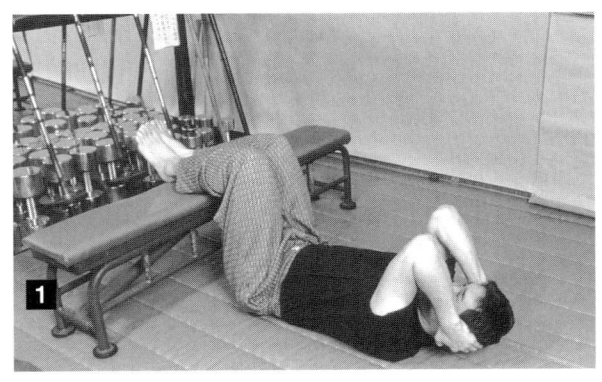

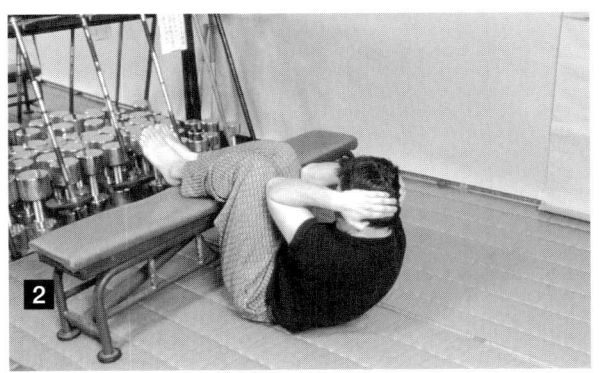

デッドリフトで使用した背筋と拮抗する腹筋の種目を入れ、両方のバランスを調整します。フラットベンチの上に足をのせ、肋骨と骨盤を近づける様に背中を丸めていきます。
シットアップと比較して腸腰筋の関与の少ない種目です。

PROGRAM 6-A

Maximum Muscular Strength Method 2
最大筋力法 2

従来の空手のトレーニングでは、アウター・マッスルの強化が中心でしたが、インナー・マッスルとのバランスこそが、すべてアスリートには重要です。空手においてもこの点は例外ではありません。競技技術の練習ではなかなか鍛えられないインナー・マッスルを意識して鍛えます。

■ Bench Press ／ ベンチプレス

胸部の種目であるベンチプレスもデッドリフト同様、筋力アップ型のトレーニングに変えていきます。

ベンチプレスを10回できるウエイトでウォームアップします。プラス5kgを加えて、5回×5セット行い、2ヶ月目は、6回×5セットを目標とします。セット間は5分です。

■ Chinning ／ チンニング

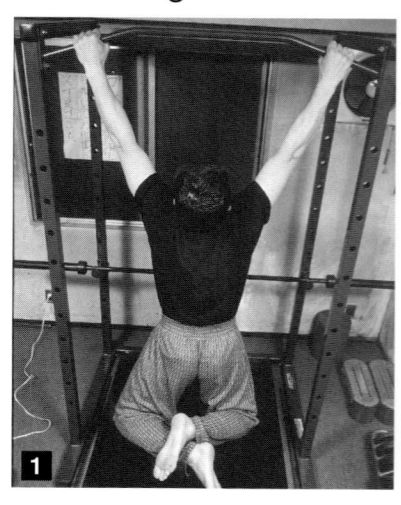

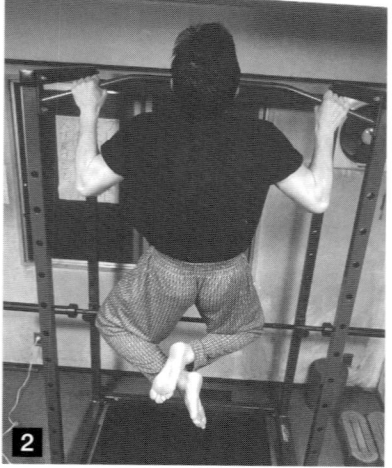

広背筋の種目としてチンニングを行います。手を伸ばした状態で、肩甲骨を内に寄せ、それから腕を曲げて体をバーに近づけていきます。顎が触れる位置で止めて、ゆっくり戻します。10回×3セット、セット間1分で行って下さい。

今までのウエイトトレーニングは、大胸筋、三角筋、広背筋、僧帽筋などの筋肉を鍛えるものが中心でした。これらの筋肉は、外の筋肉（アウター・マッスル）と呼ばれ、強い力を発揮します。そしてこの筋肉が強い力を発揮出来るように、肩を安定させ、軸を作る役目を果たす、内の筋肉（インナー・マッスル）があります。これらの筋肉を調整する種目を 6A の以下のトレーニングに入れました。

■ Outward Rotation & Inward Rotation ／アウターワードローテイション＆インワードローテイション

アウターワードローテイション

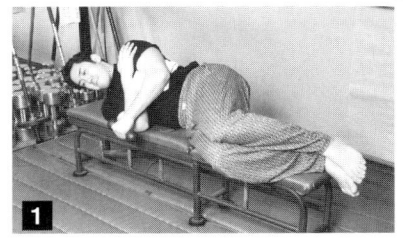

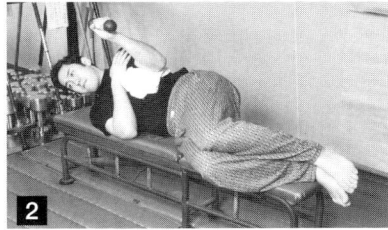

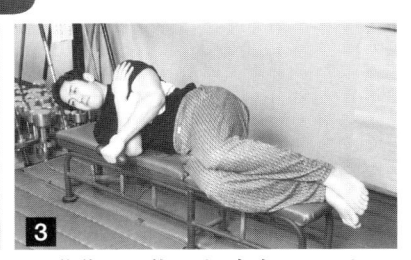

アウターワードローテイションでは棘下筋の種目です。ベンチに横向きに寝て、肘を90度に保ち、タオルを脇に入れてしっかり挟みます。その状態から手を外側に開いていきます。1回の往復に1秒かけ、左右1セット25回行います。

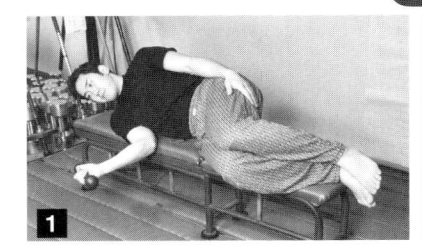

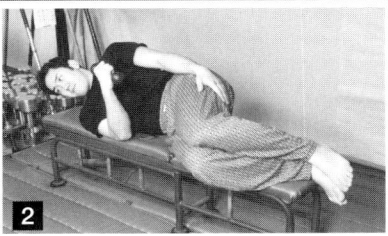

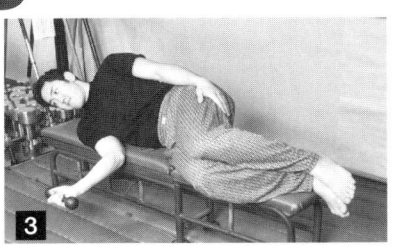

インワードローテイション

肩甲下筋の種目です。ベンチに横向きに寝て、下の腕を90度に曲げてしっかり固定し、外に開いている腕を内側に閉じていく。1回の往復に1秒かけ、左右1セット25回行います。

■ Diagonal Shoulder Lift ／ダイアゴナル・ショルダーリフト

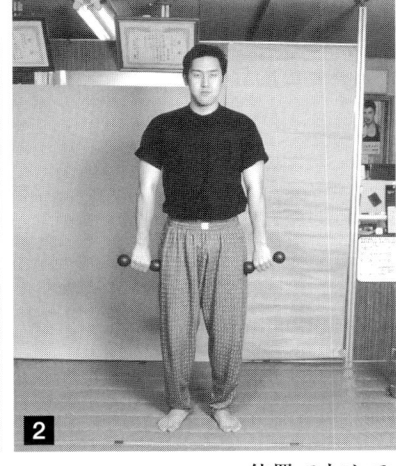

棘上筋の種目です。小指を上向きにして斜め前方に挙げていき、肩より低い位置で止めてゆっくり戻します。20回1セット。

■ Downward Rotation & Upward Rotation／ダウンワードローテーション&アップワードローテーション

ダウンワードローテイション

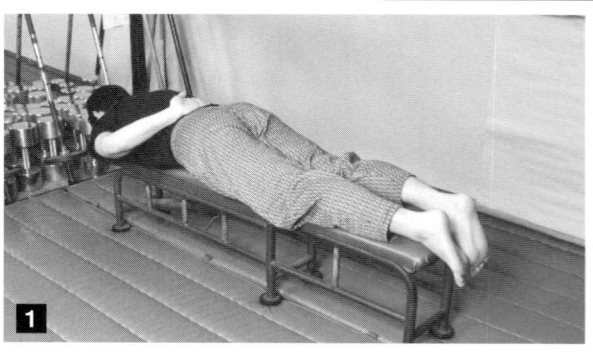

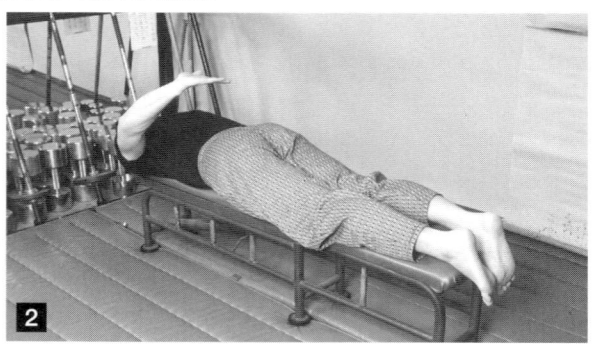

1 **2**

ダウンワードローテイション&アップワードローテイション菱形筋の種目です。

床にうつぶせに寝て、手のひらを上向きにして腰に置き、そこから上に押し上げる。

3カウント止めて下ろす。左右各1セット20回。

アップワードローテイション

1 **2**

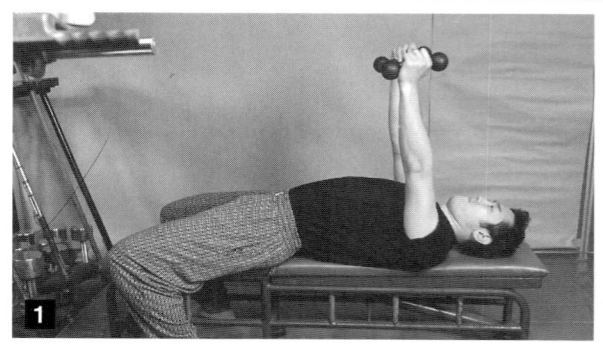

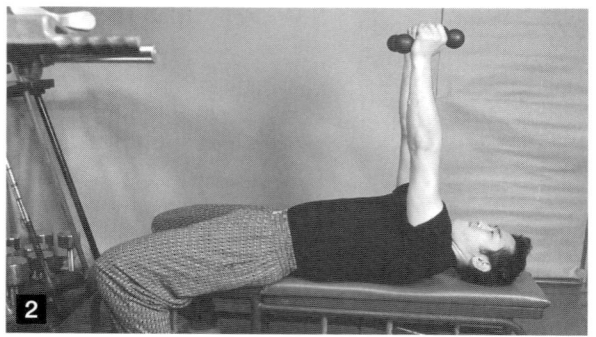

前鋸筋の種目です。

仰向けに寝て、垂直に腕を伸ばし、手の甲を向き合わせ、上へ押して形肩甲骨を引き出す。20回1セット。

PROGRAM 6-B

Maximum Muscular Strength Method 3
最大筋力法 3

内・外の腹斜筋を鍛えることを中心に組み立てられています。空手競技の実戦においては防御、バランスの立て直しからの攻撃等、内・外の腹斜筋を最大限に鍛えることは大変重要です。

■ Dead Lift ／デッドリフト

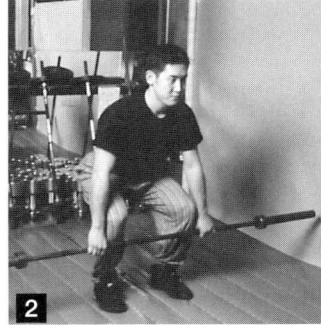

10回出来るウエイトで1セット、5回出来るウエイトで1セットウォームアップをします。5回出来るウエイトに5kgプラスして、3回×3セット行います。2ヶ月目、3回×4セット、3ヶ月目、3回×5セットで行って下さい。セット間は5分です。

■ Side Bend ／サイドベント

体幹部と身体前面の安定性を保つ、内・外腹斜筋の種目です。
バーベルを肩にかつぎますが、体重移動の感覚をつかむ為に最初はシャフトのみで行い、徐々にウエイトを加えて下さい。息を大きく吸って、ゆっくり腰を右に水平移動させ、右片足立ちの感じとなります。さらに腰を右に水平移動させ、同時に上体を左に倒します。無理のないところまで倒したら、ゆっくり真直ぐに立った姿勢に戻り、今度は同じ様に、腰を左に水平移動させ、左片足立ちの感じとなり、上体を右に倒します。左右20回行います。トランクツイストとスーパーセットで3セット行います。

■ Trunk Twist ／トランクツイスト

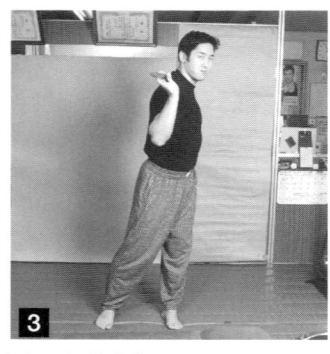

これも内・外腹斜筋の運動です。体を左右に捻る時の感覚をつかむために、最初シャフトで行います。足を腰幅に開き、つまさきは平行になるように立ちます。腰を水平に移動し、重心を左足にのせます。右足はつまさき立ちになり、上体を左にねじっていきます。左足は足の裏を常に床につけて、顔も後ろに向けるところまでいきます。ゆっくり真直ぐに戻し、今度は腰を水平に移動し、重心を右足にのせ同様に行います。左右20回行います。

■ Spiral Sit Up ／スパイラルシットアップ

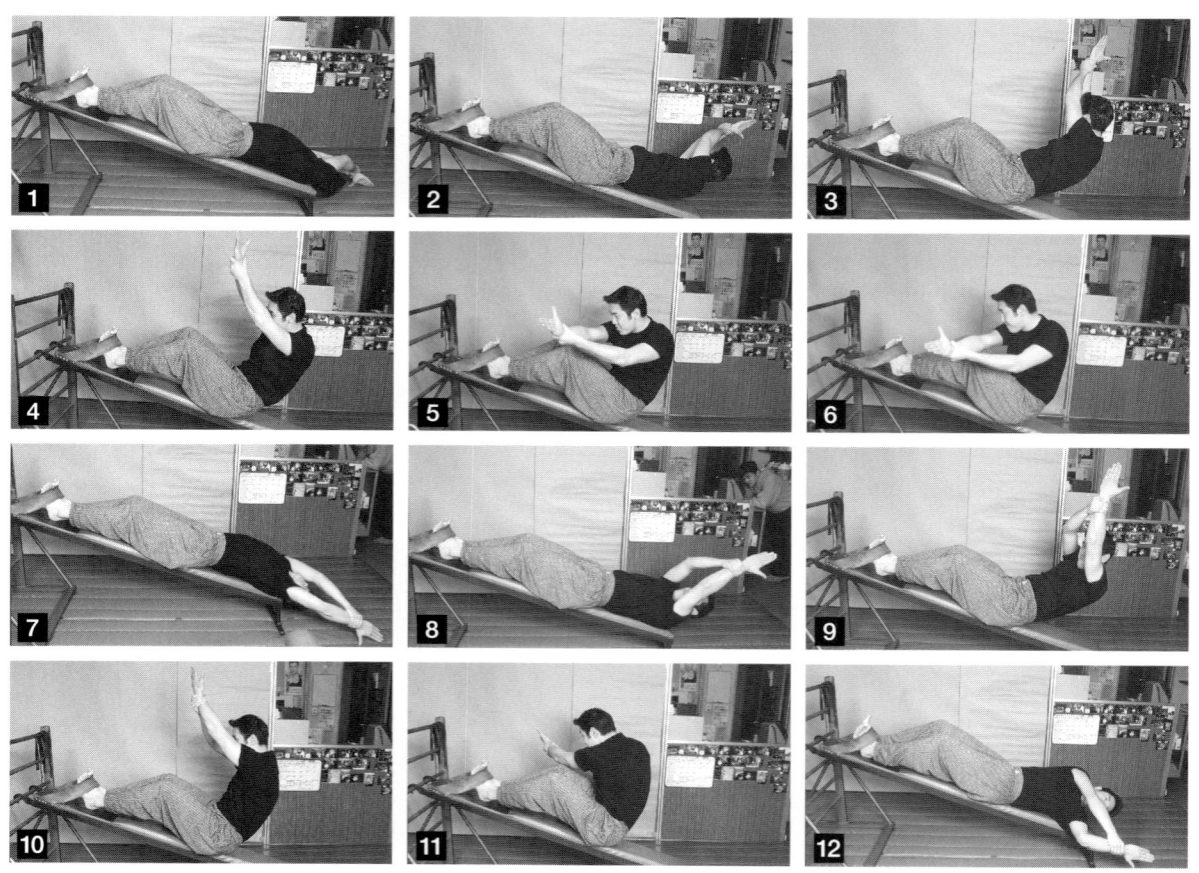

腹筋台に両足をかけ、左手で右手首を握り、指先を見つめるようにしながら、左膝の方へ上体を捻っていき、ゆっくり戻していく。20回。

2セット目、右手で左手首を持ち、左膝の方へ上体を捻っていき、ゆっくり戻していきます。20回。

3セット目、右手で左手首を持ち、右膝の方へ上体を捻っていき、ゆっくり戻していきます。20回。

4セット目、左手で右手首を持ち、右膝の方へ上体を捻っていき、ゆっくり戻していきます。20回。

PROGRAM 7-A

Maximum Muscular Strength Method 4
最大筋力法 4

これまでにつくった最大筋力をスピード筋力に切り換えていきます。
空手競技の中で、打つのではなく押している選手が多くいます。押すことと打つことは全然違うのです。いくら強く押しても、相手は後ろに下がることはあっても、ダメージはまったく与えてはいません。

■ Bench Press ／ ベンチプレス

最大筋力の向上に重点を置くために、更に使用ウエイトを増加して回数を減らしていきます。10回出来るウエイトで1セット、5kg加えて5回出来るウエイトで1セット、ウォームアップをします。5回出来るウエイトに5kg加えて3回×3セットを5分間の休息で行います。
2ヶ月目、3回×4セット、3ヶ月目、3回×5セットに増やします。

■ Jumping Push Up ／ ジャンピングプッシュアップ

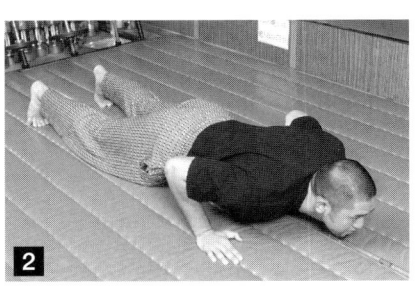

ベンチプレスで向上した最大筋力をスピード筋力に切り換える為に行います。
腕立て伏せの姿勢になり、手を曲げて腕を伸ばすと同時に手をたたき、再び肘を曲げます。
曲げている時間を短くするように努力して20回×3セットで行って下さい。
セット間5分。

■ Swimmer Movement Pull ／ スイマームーブメントプル

1セット目

2セット目

3セット目

大胸筋の拮抗筋である三角筋後部と広背筋を調整します。
ベンチにうつ伏せになり、手を垂直に伸ばし、小指の方向へ体に沿ってゆっくり腰の高さまで上げますが、肩より高くは上げないようにします。20回、セット間1分。

2セット目、手のひらを前に向けて、手の甲の方向へ体に沿ってゆっくり腰の高さまで上げます。20回、セット間1分。

3セット目、手の甲を前に向けて、手のひらの方向へ体に沿ってゆっくり腰の高さまで上げます。20回。

PROGRAM 7-B

Maximum Muscular Strength Method 5
最大筋力法 5

7-Aに引き続き、最大筋力をスピード筋力に切り換えていきます。
このプログラムに入った頃から、空手競技の練習で、突きの感覚がこれまでとは大いに違っていることを実感するはずです。しかも、体幹との連動が出来ているため突きの動きがスムーズであり、かつ破壊力が段違いになっているはずです。

■ Dead Lift ／ デッドリフト

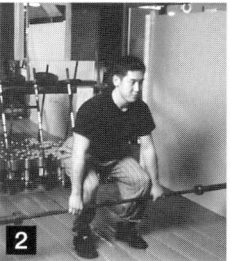

最大筋力を増大するために更に反復回数を減らし、ウエイトを加えていきます。10回出来るウエイトで1セット、5回出来るウエイトで1セット、3回出来るウエイトで1セット終了後、3回出来るウエイトに5kg加えて、1回×3セット行います。2ヶ月目、1回×4セット、3ヶ月目、1回×5セットに増加します。

■ Back Extension Throw ／ バックエクステンションスロー

腹直筋と上腕三頭筋の為のメディシンボールの種目です。フラットベンチに仰向けに寝て、ボールを持ち肘を曲げてベンチの外へ腕を出します。肘を伸ばしてボールをパートナーに投げると同時に起き上がります。起きた状態でボールを受け、元の姿勢に戻り、再び肘を伸ばしてボールを投げる事を繰り返します。
10回×2セット。セット間5分。

■ Pull Over Throw ／ プルオーバースロー

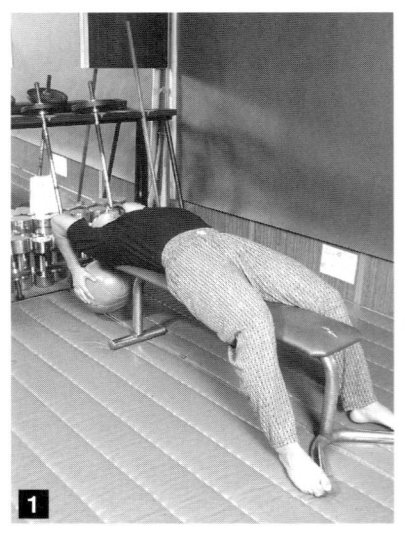

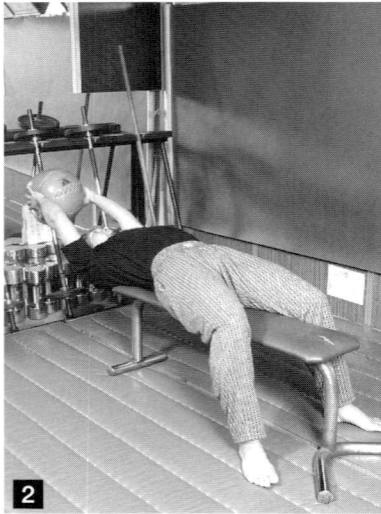

腹直筋と上腕三頭筋の為のメディスンボールの種目です。

フラットベンチに仰向けに寝て、ボールを持ち肘を曲げてベンチの外へ腕を出します。肘を伸ばしてボールをパートナーに投げると同時に起き上がります。起きた状態でボールを受け、元の姿勢に戻り、再び肘を伸ばしてボールを投げる事を繰り返します。

10回×2セット。セット間5分。

PROGRAM 8-A

Maximum Muscular Strength Method 6
最大筋力法6

> 7-A、7-Bをさらに質、量ともにアップしています。これまでに無い筋力の躍動を感じてくる頃かもしれません。つい嬉しさのあまりやり過ぎてしまうという時期かもしれませんので、十分に注意して下さい。この先にまだまだ喜びが待っているので慌てて積み上げたものを崩さないで下さい。

■ Bench Press ／ ベンチプレス

最大筋力法は、最大または最大に近い負荷に対して、最大努力で行うことにより、より効果が出ます。更に、回数を減らしてウエイトを加えます。
10回出来るウエイトで1セット、5回出来るウエイトで1セット、3回出来るウエイトで1セット行った後、3回出来るウエイトに5kg加えて1回×3セット行います。2ヶ月目、1回×4セット、3ヶ月目、1回×5セットに増加します。

■ Throw & Push Up ／ スロー&プッシュアップ

Nメソッド　鍛練

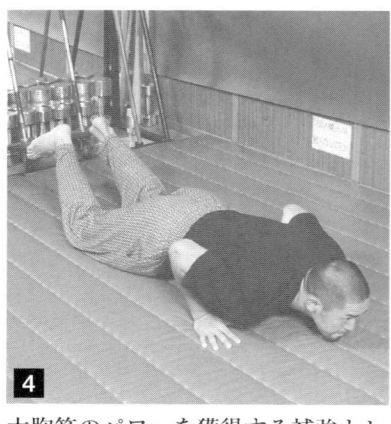

大胸筋のパワーを獲得する補強トレーニングとしてメディスンボールを使用します。
ボールを頭上に持って両膝を着いて座ります。ボールをパートナーに向けて頭上から両手で投げると同時に体を前に倒し、膝立ち腕立ての姿勢になり、腕を伸ばして元の姿勢に戻り、ボールを受け、頭上に降り投げて、また最初と同じ動作を繰り返します。
10回×2セット。セット間5分。

■ One Hand Rear Side Raise／ワンハンドリヤーサイドレイズ

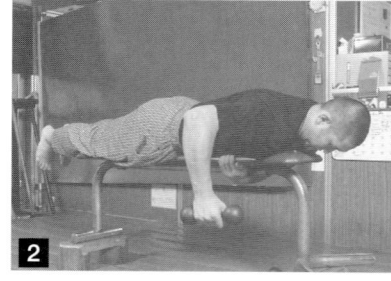

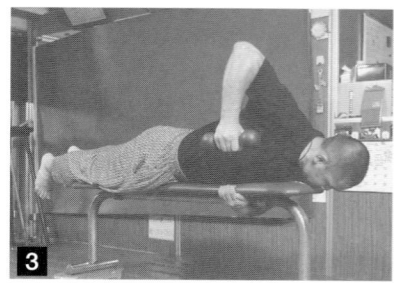

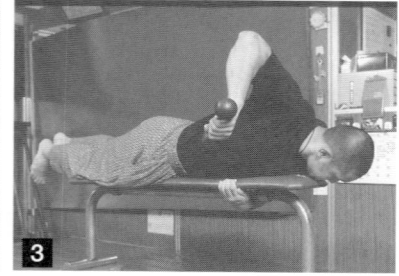

大胸筋の拮抗筋である三角筋後部と大小菱形筋を調整します。フラットベンチにうつ伏せになり、手のひらを体側に向けて、腕を垂直に垂らします。肘を直角に曲げながら、肩甲骨を内側へ寄せて下さい。そしてゆっくり戻します。左右10回づつ、1セットで行い、1分間休みます。次のセットは手の甲を上に向けて腕を垂直に垂らします。後は最初と同じです。左右10回づつ、1セット行います。

PROGRAM 8-B

Maximum Muscular Strength Method 7
最大筋力法 7

　最大筋力法で養成した筋力を動きの中で活用していくためのトレーニングです。腰の十分な捻りとその戻りが、突き技、蹴り技の質を大転換させてくれます。ここでもトレーニングのやり過ぎには特に注意して下さい。

■ Dead Lift（Knee Level）／デッドリフト（ニーレベル）

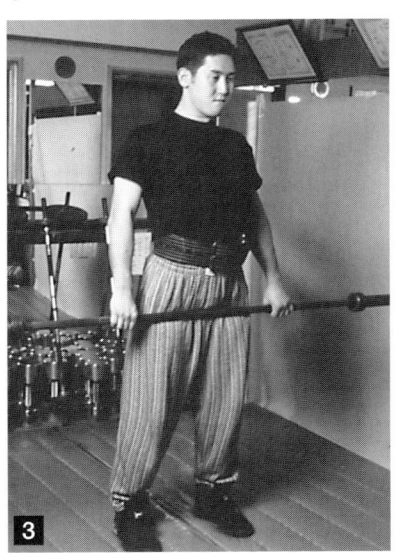

　最大筋力法で養成したウエイトを爆発的な動的筋力法トレーニングへの質的な転換を行います。前回と同じように、10回、5回、3回出来るウエイトでウォームアップした後、3回出来るウエイトに5kg加えて、スクワットラックを膝の上の高さに調節し、そこからバーベルを引きます。出来るだけ速いスピードで3回×2セット行います。ウォームアップはセット間5分、メインセットは8分休みます。休息中にはストレッチを行って下さい。2ヶ月目、4回×2セット、3ヶ月目、5回×2セットに増加します。

■ Curl Back Hyper ／カールバックハイパー

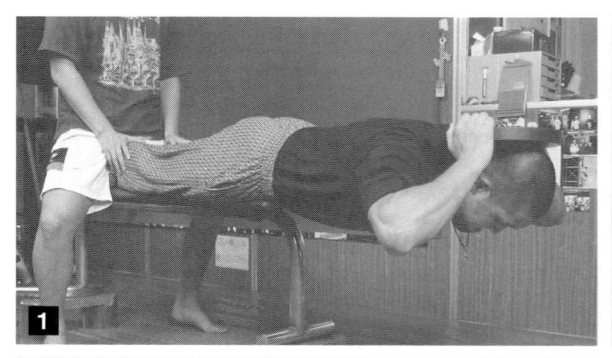

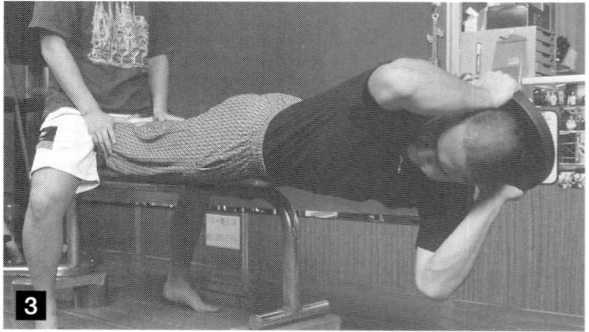

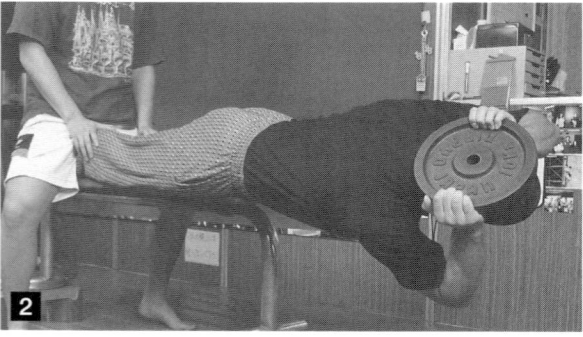

突き、蹴りともに内腹斜筋、背筋、腹筋を中心とする腰の後方の捻りがおこり、骨盤が回転して戻り、この戻りのスピードがトップスピードに達した時、股関節、膝、足首に、肩、肘、手首の順に運動していきます。したがって捻るための動きをする運動は重要だといえます。
フラットベンチにうつ伏せに寝て、足をかけます。手を頭の後ろで組み、上体をまっすぐにして中心線を保って左右に捻ります。1往復で1回、10回×1セット行います。2ヶ月目、20回×1セット、3ヶ月目、30回×1セットに増加します。

■ Russian Twist ／ロシアンツイスト

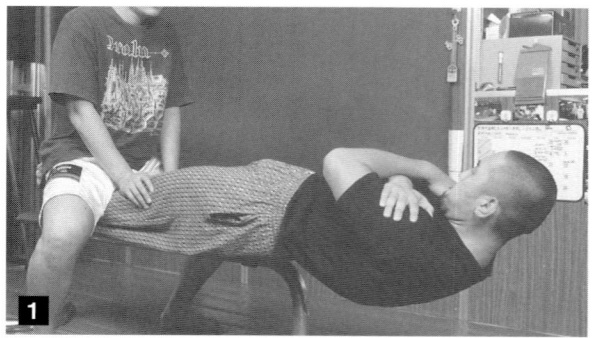

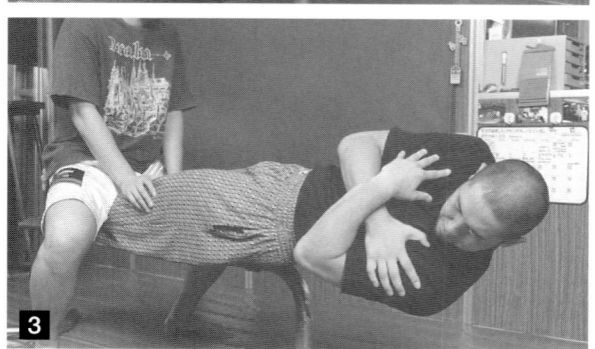

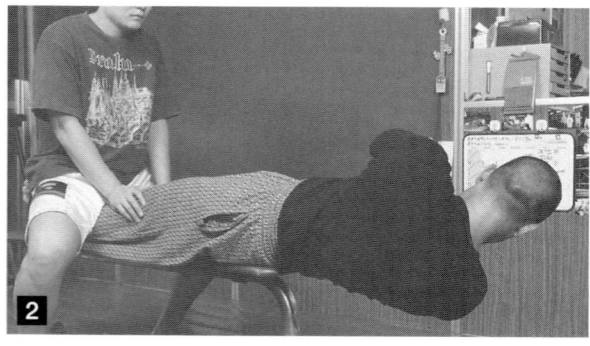

フラットベンチに仰向けになり足をかけます。手を胸の前に組み、その状態から出来るだけ左右に捻ります。
1往復で1回、10回×1セット行います。
2ヶ月目、20回×1セット、3ヶ月目、30回×1セットに増加します。

PROGRAM 9-A

Compound Joint Training
複合関節トレーニング

スクワットのような複合関節トレーニングは、脚や体幹が十分に養成される前に行うと危険なエクササイズですと、本章の冒頭で書きました。ここで、やっとスクワットを行うことになります。つまり十分スクワットに耐える脚や体幹が養成されているということです。

■ Squat ／スクワット

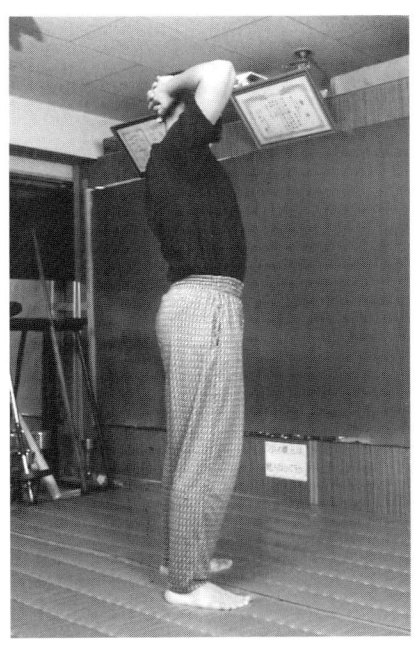

20回×3セットを1分間の休息から始めます。
2ヶ月目、60回×3セット、3ヶ月目は180回×3セットを行って下さい。

いよいよスクワットを行います。
スクワットの動作は、膝を伸ばし、股関節を伸ばし、足首を伸ばすなど、多くの関節を使用しながら姿勢を保持していきます。突き、蹴りともに、大きな筋のある下肢や体幹で生みだしたパワーを、上肢と下腿で高速化していくことで威力を増していきます。従って、下肢や体幹に筋量が多い事は、空手にとって有利なはずです。
スクワットは、この下肢、体幹ともに大きな影響を与える種目です。

フォーム作りと筋持久力の発達を促すために自主負荷による高回数のスクワットから始めます。
スタンスを肩幅と同じにして、つま先を少し外側に向けます。背中をまっすぐに保ち、大腿の前面が床と水平になる位置（膝関節の角度 70度）まで脚を降ろします。この時、膝が脚の指よりも前に出ないようにします。足首が硬い人はかかとの下に板をおいて行って下さい。

■ Bench Press／ベンチプレス

最大筋力の増大、及び、最大筋力を発揮するのに要する時間の短縮を目的として、スピード負荷法（動的筋力法）を採用します。
10回出来るウエイトで1セット、5回出来るウエイトで1セット、3回出来るウエイトで1セット、3回出来るウエイトに5kg加えて肘を胸の高さで止めるようにして出来るだけ速く3回×3セット行って下さい。
ウォームアップはセット間5分、メインセットは8分の休息です。2ヶ月目、4回×3セット、3ヶ月目、5回×3セットを目指して下さい。

■ Push Up with Flat Bench／フラットベンチを利用したプッシュアップ

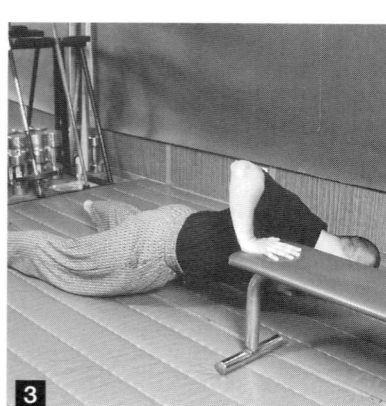

動作の切り返しを利用したスピード筋力系の種目です。腕立ての形になって、右手を台の上、左手を台の下に置きます。右手を弾ませて、台の上にのせると同時に左手を台の下に降ろします。これを繰り返し、往復1回として、10回行います。
5分休息して2セット行います。

PROGRAM 9-B

Spiral Movement
スパイラルムーブメント

空手競技における運動変化に対応するために、上部体幹をらせん状に変化させるというトレーニングを丁寧に行います。空手競技の動きを意識しながらなめらかに行うことが必要です。

■ Dead Lift／デッドリフト

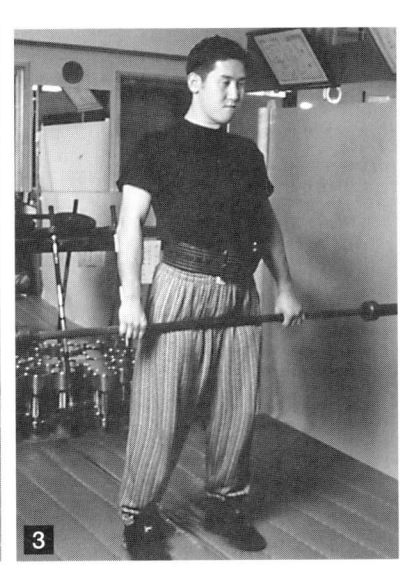

今まで筋力・パワー養成のためにかなり激しいトレーニングを行ってきました。

ここでは、軽く行う調整的なトレーニングをプログラム7（B）の方法の間に入れます。

つまり、1週目は10回出来るウエイト、5回出来るウエイト、3回出来るウエイト、そして1回×3セットで行い、2週目は10回出来るウエイトで3セット行い、積極的に回復させます。

これを1つのサイクルとして、6サイクル行って下さい。

Nメソッド　鍛練

■Spiral Movement of Upper Trunk／チューブによる上部体幹のスパイラルムーブメント

空手の各種動作では、対角・らせん的な動きが多くみられます。例えば、突きの動作での肩と反対側の股関節、左右の腕のバランスや、蹴り動作での振り上げ足と反対側の上肢との関係です。

特に、突きについて詳しく述べると、力強いパワーの発揮は、足→膝→股→体幹→反対側の肩→腕へと連動しています。この運動している感覚をつかむために、チューブを利用して上部体幹のトレーニングを行います。

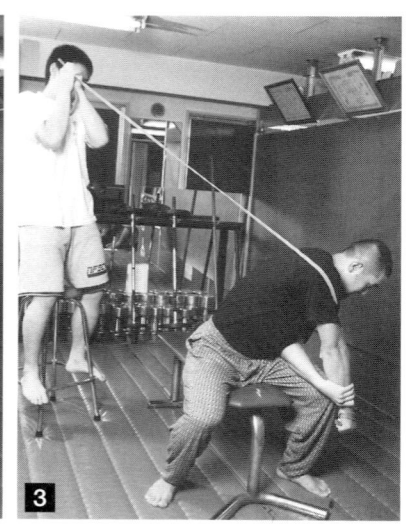

1 椅子に座りチューブを右上にかけます。チューブを右手で持ち、右手首を左手で握り、左膝の方向へ捻っていきます。20回。

2 今度は、チューブを左手に持ち、左手首を右手で握り、左膝の方向へ捻っていきます。20回。

3 次にチューブを左上にかけます。チューブを左手で持ち、左手首を右手で握り、右膝の方向へ捻っていきます。20回。

4 今度は、チューブを右手に持ち、右手首を左手で握り、右膝の方向へ捻っていきます。20回。

これが上部体幹を縮めていくパターンです。

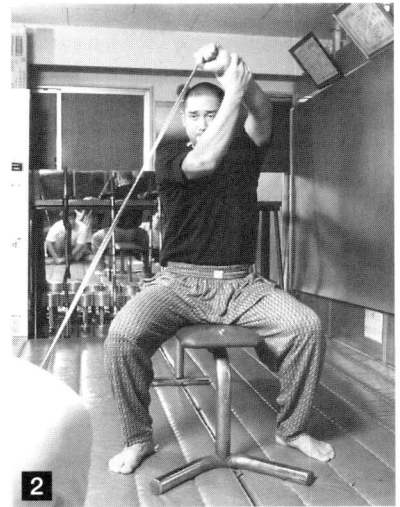

Nメソッド　鍛練

| 1 | 2 | 3 |

5 次にチューブを右下にかけます。チューブを左手で持ち、左手首を右手で握り、左肩の方向へ捻っていきます。20回。

| 1 | 2 | 3 |

6 今度は、チューブを左手に持ち、左手首を右手で握り、左膝の方向へ捻っていきます。20回。

7 次にチューブを左下にかけます。チューブを右手で持ち、右手首を左手で握り、右肩の方向へ捻っていきます。20回。

8 今度は、チューブを左手で持ち、左手首を右手で握り、右肩の方向へ捻っていきます。20回。

これが上部体幹を縮めていくパターンです。

慣れたらケーブルを利用して軽い負荷からかけて下さい。

Chapter 1　Resistance

PROGRAM 10-A

All-inclusive Exercise 1
複合エクササイズ 1

　　最大筋持久力の強化、ハムストリングの強化、スピード筋力など複合的にトレーニングを行います．
　　空手における防御、俊敏な攻撃力、有効な破壊力はこうした複合した筋力の上に構築されるものです。

■ Squat ／スクワット

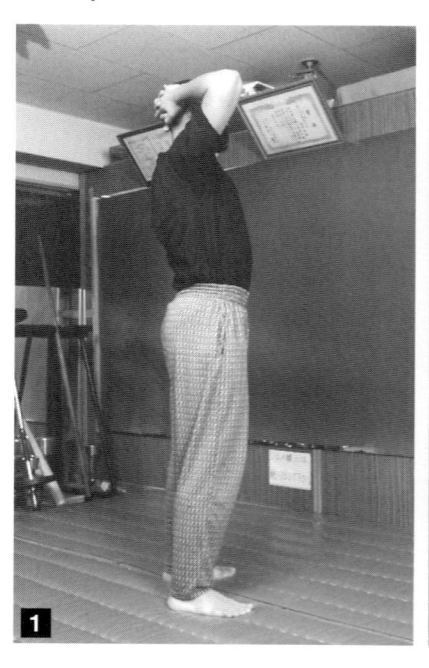

最大筋持久力は高ければ高いほど攻撃と防御が、より高いレベルで維持でき、試合を有利に展開出来ることになります。この最大筋持久力を発達させるためにプログラム9、10のスクワットは考えられています。

自分の体重の75％の負荷を45秒間、3セット行います。体重48〜62kgの人は60回以上、63〜90kgの人は50回以上、91〜130kgの人は40回以上を目標として下さい。

セット間は1分です。

■ Forward Lunge ／フォワードランジ

両脚をそろえ、首の後ろで手を組みます。次に片脚を大きく50cmくらい前へ、後脚と直線上に踏み出します。両脚の母指球で床を蹴って元に戻ります。大腿四頭筋とハムストリング両方を発達させる種目で、斜め方向へのステップ、前方への飛びだしの時に必要な、内転筋やハムストリングを強化します。往復1回で20回×3セット行います。2ヶ月目は、斜め前方へのランジ、3ヵ月目は横へ踏み出すサイドランジを行って下さい。

1ヶ月目

2ヶ月目

3ヶ月目

■ Bench Press／ベンチプレス

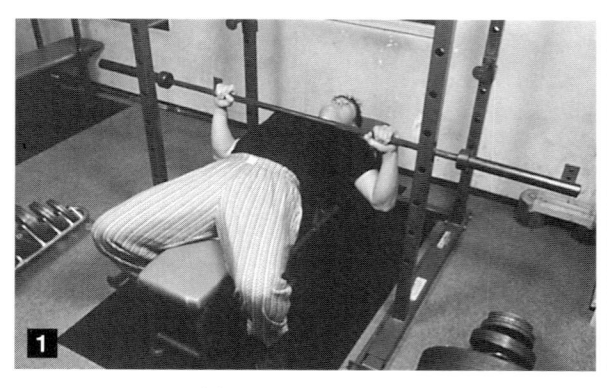

デットリフトと同様に、調整的なトレーニングをプログラム8（A）のベンチプレスの方法の間に入れて、疲労の回復を促します。通常の強化的なプログラムを1週目、調整的なプログラムを2週目に行います。これをひとつのサイクルとして、6サイクル行って下さい。

■ Jumping Push Up with Medicine Ball／メディスンボールを利用したジャンピングプッシュアップ

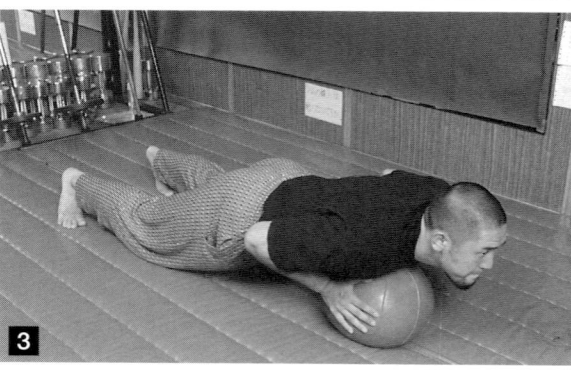

腕立て伏せの姿勢で、メディスンボールをしっかり握り、そのままボールごとジャンプします。5cm以上はボールを浮かせて下さい。20回×3セット。セット間は1分です。

PROGRAM 10-B

All-inclusive Exercise 2
複合エクササイズ2

ここではスピードを意識して複合的にエクササイズを行って下さい。これまでも上肢に過剰な筋肥大が起きないようにトレーニングが組み立てられていましたが、特に腕は動かしやすいように心掛け、スピードを最大限に維持できるようにすることが必要です。

■ Dead Lift／デッドリフト

最大筋力法に最大反復法を複合することにより、マンネリで伸びづらくなった筋力を刺激します。1セット目は10回出来るウエイト、2セット目は5回出来るウエイト、ここまでをウォーミングアップとしています。次に、3回出来るウエイトで3セット（最大筋力法）、5回出来るウエイトで2セット（最大反復法）、10回出来るウエイトで2セット行います。

休息時間は最大筋力法のゾーンでは5分間、最大反復法のゾーンでは1分として下さい。

■ Spiral Movement for Upper Trunk ／メディスンボールによる上部体幹のスパイラルムーブメント

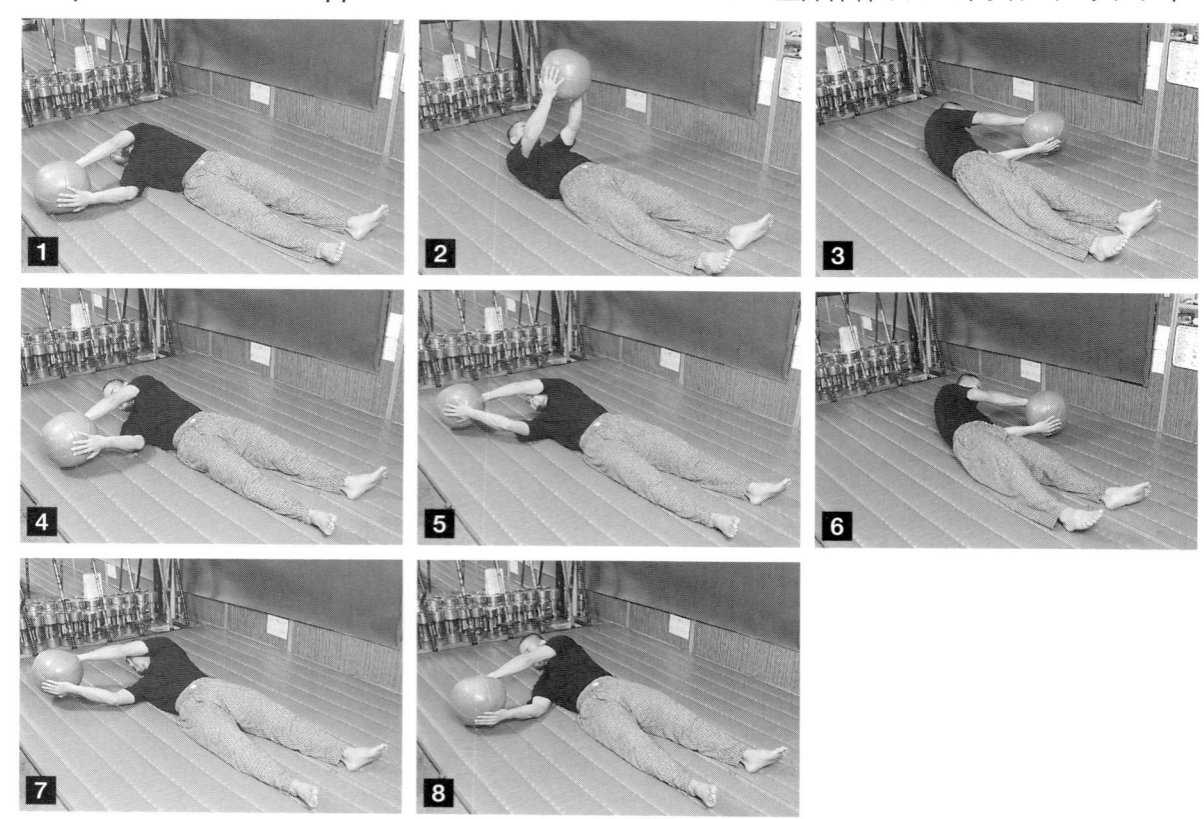

仰向けに寝て、右横に両手でメディスンボールを持ち、左横に水平にねじり、元に戻し、少し右上にして、左下に持ってゆき、右上に戻し、右横へ下げます。これを20回繰り返したら、今度は左横水平から同じことを繰り返します。左右1セットとし、2セット行って下さい。セット間は1分です。

■ Sit Up & Dumbbell Curl ／シットアップ＆ダンベルカール

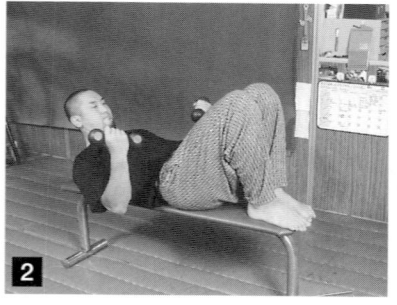

今までトレーニングに上肢の種目が少ない事に気付かれましたか？それは、上肢について過剰な筋肥大を避けたいからです。

筋が必要以上に太くなることで、収縮速度が低くなったり、その筋自体を動かすことが体幹の負担となります。パワー、エネルギーの発生源、貯蔵源である体幹は重くて動きにくいが、筋量が大きく、腕や脚は動かしやすくスピードが出るようにトレーニングすべきだと考えています。従って、シットアップ＆ダンベルカールは速く動かさなければならない部分（上腕二頭筋）の負荷を小さくして、スピードを高めるように行います。

膝を立てて、フラットベンチの上に仰向けに寝て、両手にダンベルを持ちます。ダンベルのウエイトは体重×0.1kg以下です。1秒間に1回のスピードでシットアップと同時にカールしてゆきます。

20回×3セット、セット間1分で行います。

PROGRAM 11-A

All-inclusive Exercise 3
複合エクササイズ３

前半には、蹴り技を意識して組み立てられた複合的エクササイズを中心に行います。蹴り技では体幹と脚とのバランスが重要になるため、フライングスプリットの種目を入れました。後半には突き技を意識して、上肢スパイラルムーブメントを取り入れています。

■ Squat ／スクワット

自分の体重の75％の負荷を使用しますが、今度は7回行います。

突き、蹴りに入る動作は、タイミングとスピードが最も大切な要素となりますが、その基礎となる最大筋力スピードを高めます。

7回×3セットで、セット間5分です。

7回の反復を体重48～62kgの人で、5.5秒以内、63～90kgの人で6.5秒以内、91～130kgの人は7.5秒以内を目標として下さい。

■ Flying Split ／ フライングスプリット

〈基本形〉

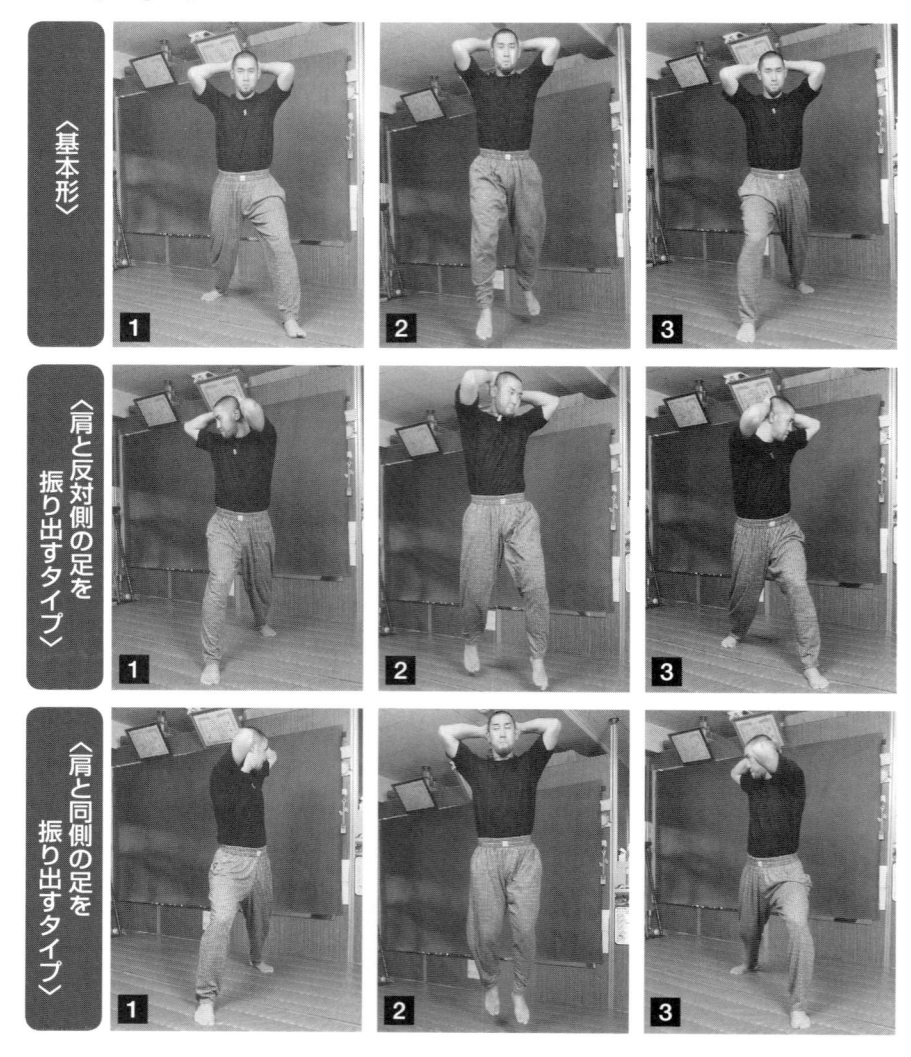

〈肩と反対側の足を振り出すタイプ〉

〈肩と同側の足を振り出すタイプ〉

左右の肩と脚とのバランスをチェックしながら、ジャンプ時の母指球の使い方を覚えます。

手を頭の後に組み、両脚を前後に30cm位開きます。この状態から床を強く蹴って両脚を交差して片脚を踏み出します。肩と同側の脚を振り出すタイプを往復1回として30回。肩と反対側の脚を振り出すタイプを往復1回として30回行って下さい。

2ヶ月目は肩と反対側の脚を振り出すタイプを30回×2セット行って下さい。

3ヶ月目は肩と同側の脚を振り出すタイプを30回×2セット行って下さい。

■ Bench Press ／ ベンチプレス

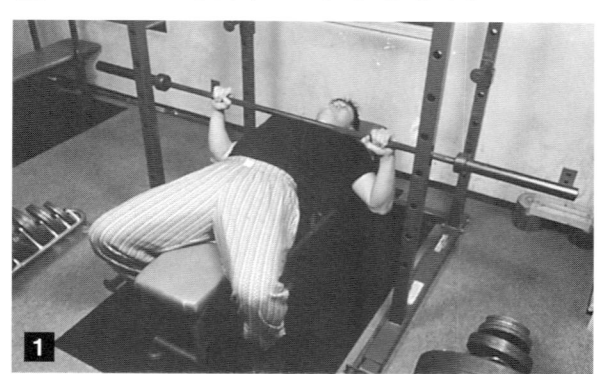

デッドリフトと同様に、最大筋力法と最大反復法を複合して行います。1セット目は10回出来るウエイト、2セット目は5回出来るウエイト、3、4、5セット目は3回出来るウエイト（最大筋力法）、6、7セット目は5回出来るウエイト（最大反復法、8、9セット目に10回出来るウエイト（最大反復法）で行います。休息時間は最大筋力法で5分、最大反復法で1分です。

■ Jumping Push Up／ジャンピングプッシュアップ

〈1ヶ月目〉

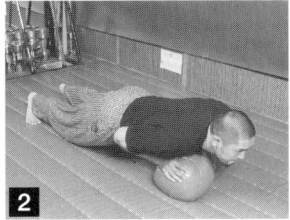

〈2ヶ月目〉

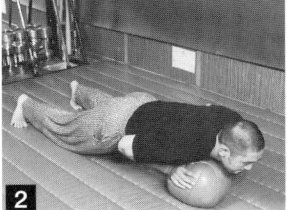

〈3ヶ月目〉

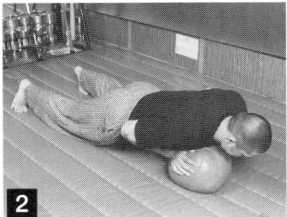

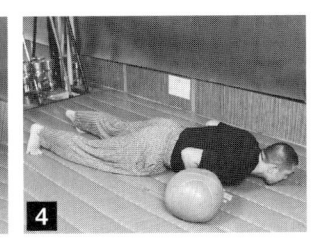

メディスンボールの上に両手を着いて、腕立ての形になります。

〈1ヶ月目〉

両手をメディスンボールから左右に降ろし、手をついた反動で再びボールの上に両手を着いて伸ばす事を20回繰り返し、1分間の休息を入れて3セット行います。

〈2ヶ月目〉

メディスンボールの上に着いた両手を右側に着いて、その反動を利用して再びボールの上に両手を着いて伸ばす事を20回繰り返し、1分休み、3セット繰り返します。

〈3ヶ月目〉

メディスンボールの上に着いた両手を左側に着いて、同様に行います。

Nメソッド　鍛練

■ Spiral Movement of Upper Limb ／チューブを利用した上肢のスパイラルムーブメント

突きの動作の時、自然に腕を内側にねじる事は前に述べました。このねじれの動きは、筋肉が各関節間を斜め方向に配置されているためと考えられます。従って、トレーニングにもこのねじれの要素を含むものをプログラムする必要があります。ここでは、上肢のねじれに対して刺激を加えるためにチューブトレーニングを行います。

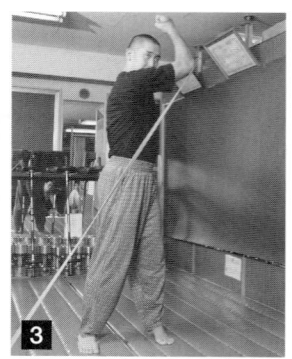

〈1〉チューブを右斜め下につけて、右手の甲を上に向けてチューブを握ります。そこから手のひらを返しながら左肩の方向へ伸ばしていきます。ゆっくり戻して20回繰り返します。

〈2〉チューブを左斜め上につけて、右手の甲を上に向けてチューブを握ります。そこから手のひらを下に向けながら、右下へ伸ばしていきます。ゆっくり戻して20回繰り返します。

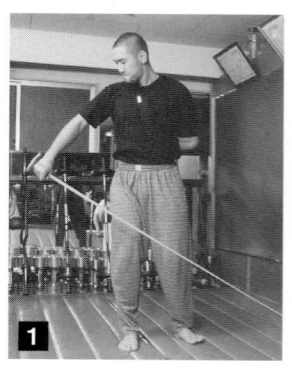

〈3〉チューブを左斜め下につけて、右手の甲を上に向けてチューブを握ります。上半身を少し浮かせて、捻った状態から手のひらを返しながら、右肩の方向へ伸ばしていきます。ゆっくり戻して20回繰り返します。

〈4〉チューブを右斜め上につけて、右手のひらを上にしてチューブを握ります。その姿勢から手を返しながら、左下へ押していきます。ゆっくり戻して20回繰り返します。
左手も同じように4方向で行って下さい。

PROGRAM 11-B

All-inclusive Exercise 4
複合エクササイズ4

肩甲骨をコントロールしながら背面全体の運動を行います。肩甲骨の動きを自由に行えることは空手競技には大変有効に働きます。この他、上腕二頭筋の強化、リストの強化など、空手の技を意識した複合エクササイズを行います。

■ Dead Lift／デッドリフト

最大筋力法と動的スピード筋力を複合する事により、スピードに対する感覚を高めます。

1セット目は10回出来るウエイト、2セット目は5回出来るウエイト、ここまでがウォームアップです。次に3回出来るウエイトで3セット（最大筋力法）、次に10回出来るウエイトで出来るだけ速いスピードで3セット（動的スピード筋力法）行います。

セット間は5分。

Nメソッド　鍛練

■ Shrug & Calf Raise ／シュラグ＆カーフレイズ

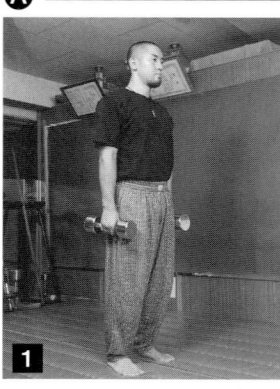

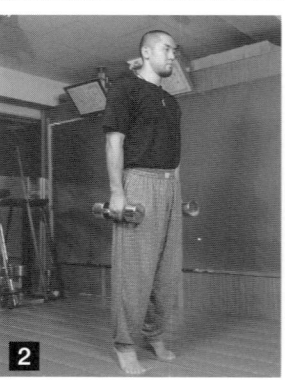

Ⓐ ➡

背面全体の運動を意識するように行って下さい。ダンベルを両手に持ち、体の側面につけます。

ゆっくりかかとを上げ、体を伸ばし、前後のバランスを取りながら耳の斜め後ろに肩を上げていきます。体重×0.3kgのウエイトで20回繰り返します。

※このシュラグ＆カーフレイズは次のページのシュラグ＆トゥレイズとスーパーセットで行います。

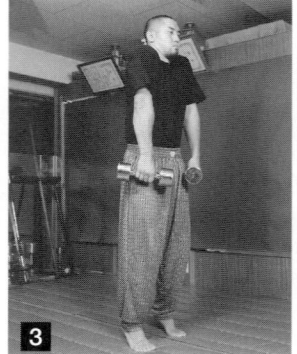

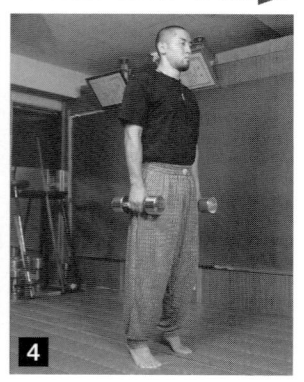

Ⓑ ➡

耳の斜め後ろに肩をあげていき、降ろしながら、ゆっくりかかとを上げていきます（20回）。

■ Shrug & Toe Raise ／シュラグ＆トゥレイズ

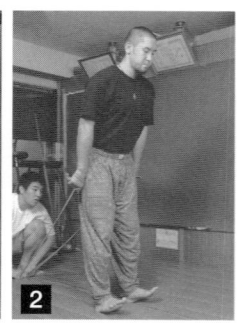

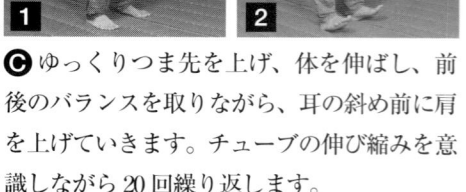

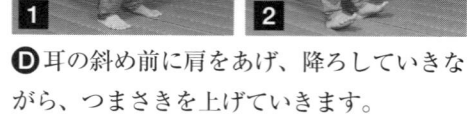

前面全体の運動を意識するように行って下さい。チューブを斜め後下に取り付けて、手のひらを後ろに向けて握ります。

Ⓒ ゆっくりつま先を上げ、体を伸ばし、前後のバランスを取りながら、耳の斜め前に肩を上げていきます。チューブの伸び縮みを意識しながら20回繰り返します。

Ⓓ 耳の斜め前に肩をあげ、降ろしていきながら、つまさきを上げていきます。

〈スーパーセットの方法〉
シュラグ＆カーフレイズとシュラグ＆トゥレイズをスーパーセットで交互に行いますが、1セット目はⒶとⒸ、2セット目はⒷとⒹ、3セット目はⒶとⒹ、4セット目はⒷとⒸを組んで下さい。セット間は1分です。

N メソッド　鍛練

■ Arm Exercise with Tube／チューブによる腕の引き伸ばし

突きの動作は前腕が内向きに捻られている事を前にも書きましたが、この時、上腕二頭筋はこの動きにブレーキをかけ、肩の傷害を防ぎます。ただし、上腕二頭筋そのものは伸ばされている事で傷害を受けやすくなります。従って、上腕二頭筋は伸ばされる事に耐えられるように鍛えることも必要となります。チューブを斜め下につけ、左腕は耳の横へ曲げて保持し、右手のひらを下に向けて、伸ばした姿勢から始めます。右腕を素早く縮めて、手のひらと耳が向き合うように引きます。ゆっくりチューブの抵抗を意識しながら7カウントかけて右腕を伸ばしていきます。
この運動を10回行いますが、その間中、左腕は耳のそばでキープします。
次に左腕を伸ばして行いますが、右腕を耳のそばでキープしていきます。
左右で1セットとして、1分間の休息で3セット行います。

■ Wrist Pronation & Spinnation／リストプロネーション&スピネーション

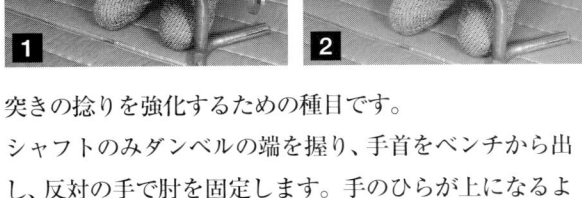

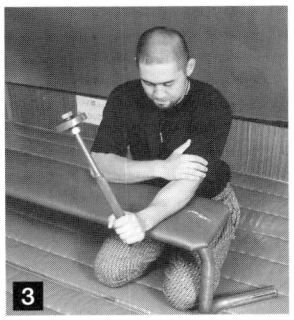

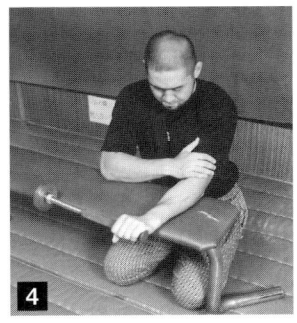

突きの捻りを強化するための種目です。
シャフトのみダンベルの端を握り、手首をベンチから出し、反対の手で肘を固定します。手のひらが上になるように降ろし、手の甲が上を向くまで回していきます。回しきったら元の位置へゆっくり戻していきます。これを1往復1回として、10回繰り返します。

Chapter 1 Resistance　69

Nメソッド　鍛練

PROGRAM 12-A

All-inclusive Exercise 5
複合エクササイズ5

> チューブを使い、蹴り技の動きを確認しながら内転筋、外転筋、股関節周りの筋群を強化する種目を織り交ぜながら複合的にエクササイズを行います。
> いずれの種目も、正確さとスピードを意識して行うことが重要です。

■ Squat ／スクワット

蹴りの動きは、下肢の筋の切り返しが究めて短時間に行われる事になります。より動きに近い「切り返し」を重視してスクワットをします。
体重の75％のウエイトで10回、プラス5kgで10回、この2セットがアップです。セット間は1分間です。さらに5kg加えて10回×3セットを行います。

2カウントで70度まで降ろし、1.5カウントで立ち上がる感じで、膝を曲げてから伸ばす時間を出来るだけ短くして素早く立ち上がります。このスピードを保てなければ、ウエイトを5kgづつさげていき、このスピードで出来るウエイトで10回行って下さい。

■ Spiral Movement for Lower Limbs ／チューブによる下肢のスパイラルムーブメント

スクワットによって直線的な力を強化し、チューブにより内転筋、外転筋、股関節回りの筋群の、動きを確認し強化します。これにより、空手に近いような形で筋力を高める基礎となります。

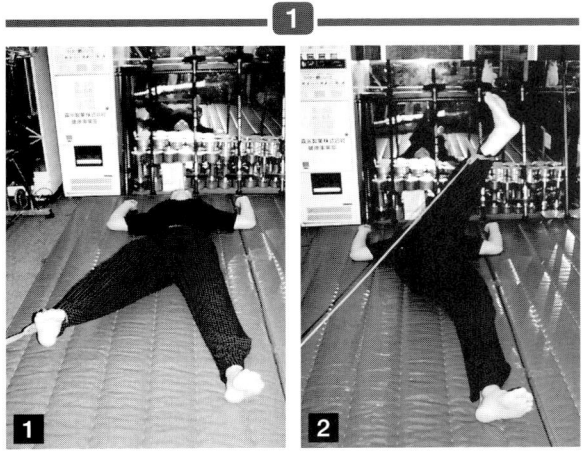

1

右下にチューブをつけ、右足首に巻き、足を広げて仰向けに寝ます。右足首を伸ばした状態で、膝を曲げながら内側へもっていきます。ゆっくり元に戻して20回。

2

左上にチューブをつけ、チューブを右足首に巻き、膝を曲げます。右足首を縮めた状態から、膝を伸ばし、外側へもっていきます。ゆっくり元に戻して20回。

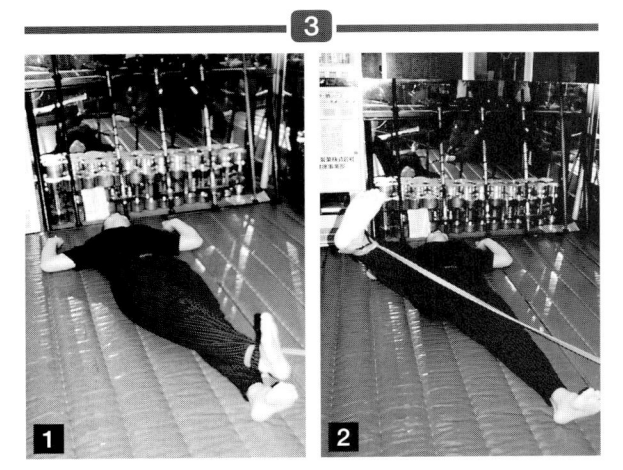

3

左下にチューブをつけ、チューブを右足首に巻き、膝を曲げながら外へ引いていきます。ゆっくり元に戻して20回。

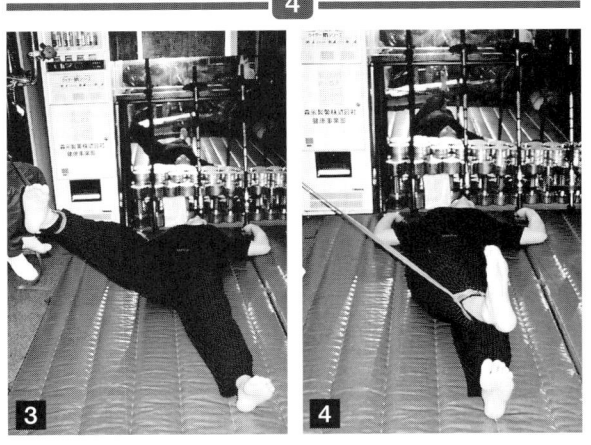

4

右上にチューブをつけ、チューブを右足首に巻き、膝を曲げた状態から脚をクロスするように内に伸ばしていきます。ゆっくり元に戻して20回。
続けて左足首につけて、同じことを 1 ～ 4 まで行います。

Chapter 1 Resistance

■ Bench Press ／ベンチプレス

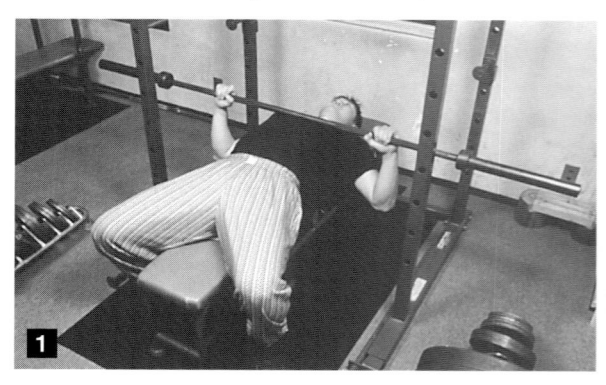

最大筋力法と動的スピード筋力法を複合することにより、実際の動きに近いスピードでの筋力発揮を促進します。

1セット目は10回出来るウエイト、2セット目は5回出来るウエイト、3、4、5セット目は3回出来るウエイト（最大筋力法）、6、7、8セット目は10回出来るウエイトで、出来るだけ速く10回行います。（動的スピード筋力法）セット間は5分です。

■ Dumbbell French Press & L-Crunch ／ダンベルフレンチプレス＆Lクランチ

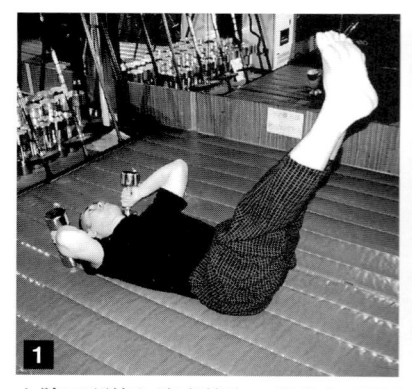

上腕三頭筋と腹直筋との運動を意識して行います。ダンベルを両手に持ち、両足をクロスして上げます。ダンベルを耳の横から捻りながら上げていき、同時に臀部を浮かせます。体重×0.1kgのウエイトを使用して、1回の反復を2秒で繰り返し、20回×3セット行います。

PROGRAM 12-B

All-inclusive Exercise 6
複合エクササイズ6

体幹の柔軟と固定が出来ていることを確認しながら複合的なエクササイズを行います。後半は自分自身が放った突きの衝撃から、自分のリストを守るためにリストカールを行います。

■ Dead Lift ／ デッドリフト

最大筋力と動的スピード法のパワーセットで、より実際のスピードに近づけます。
1セット目は10回出来るウエイト、2セット目は5回出来るウエイト、3、4、5セット目は3回出来るウエイトですが、次ページのメディスンボールスローとスーパーセットを組みます。

■ Medicine Ball Throw ／ メディスンボールスロー

1ヶ月目
両手でメディスンボールを持ち、体を前に曲げてボールを股の間に入れ、膝を伸ばしながら前方へ投げます。パートナーに受け取ってもらい連続で10回行います。

2ヶ月目
2ヶ月目は後方へ投げます。

3ヶ月目
3ヶ月目も後方へ投げますが、1セットは右捻りで10回投げます。2セット目は左捻りで10回投げます。3セット目は左右交互に投げます。かなりきつめの組み合わせなので、使用するメディスンボールは1kgから徐々に慣らしてください。

■ Vent Over Row ／ ベントオーバーロウ

体幹の固定が出来てこそ、この種目が出来ます。デッドリフトで鍛えた固有背筋がここで生かされます。ダンベルを2個持ち、手の甲を前に向けた位置で膝を曲げながら前屈して、手を垂直に下げます。肩甲骨を内に寄せ、それから手のひらを返しながら体幹へ近づけていきます。上腕二頭筋、肩、広背筋の運動を意識して行って下さい。
体重×0.1kgで20回、1分間休息で3セットです。

■ Incline Dumbbell Curl ／ インクラインダンベルカール

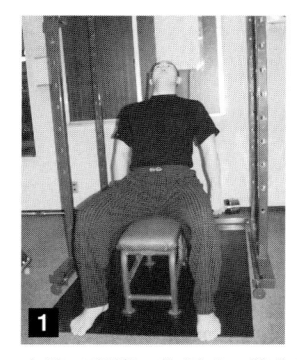

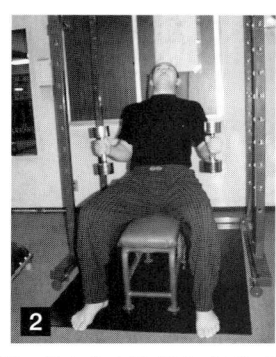

体重×0.1kgのダンベルを持ち、インクラインベンチに頭をつけて手の甲を前に向けて、真直ぐに下げます。
手のひらを返しながら肩の方へ巻上げて下さい。1回の往復を2秒で行い、10回×3セット、セット間1分の休息で行って下さい。

上腕二頭筋の作用は、腕を外へ捻りながら肘を曲げて顔に近づけていくことです。突きを出すとすぐに引き戻し、顔面をカバーする動作だと思って下さい。素早くカバーしていくためには、この筋のスピードが大事です。このスピードの前提になる筋力は、チューブでは鍛えることが出来ません。ただし、腕は負荷を小さくして収縮機能を高めるように行うべきです。

■ Three-way Wrist Curl ／ スリーウェイリストカール

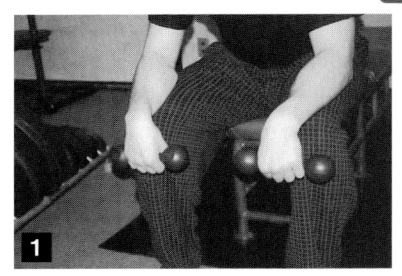

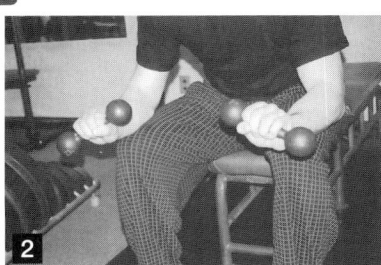

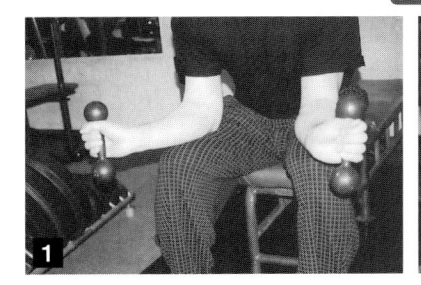

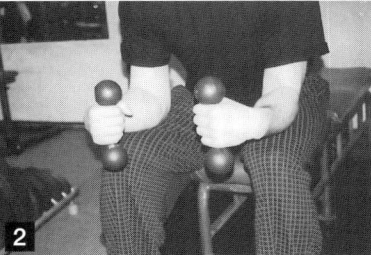

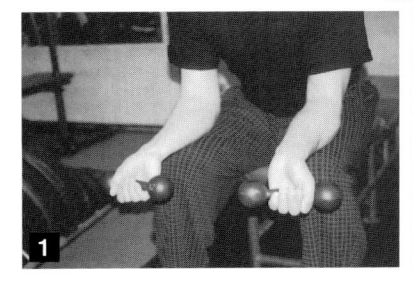

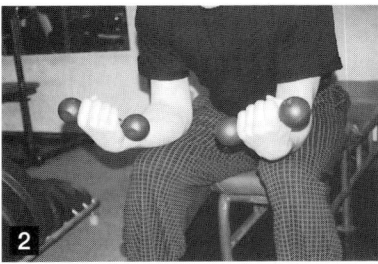

自分自身の突きの衝撃から手首を守るために、リストカールを行います。ベンチの上に手首から先を前に出し、手の甲を上にして20回挙き上げ、続けて手のひらを向き合わせて、左右1往復を1回として20回行い、続けて手のひらを上にして20回挙き上げます。休まず最初に戻り、これを3循環します。体重×0.05kgで行って下さい。

PROGRAM 13-A

All-inclusive Exercise 7
複合エクササイズ 7

スクワットも負荷を高める他、ジャンピングスクワットなどにより質的に高度なものとなります。さらに脚のスパイラルムーブメント、ベンチプレスのハイスピードを要求するなど質的にレベルの高い複合エクササイズとなります。

■ Squat ／スクワット

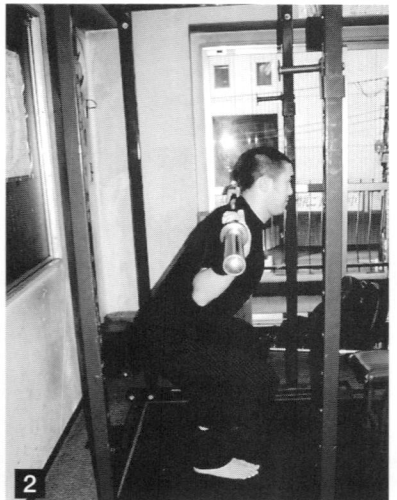

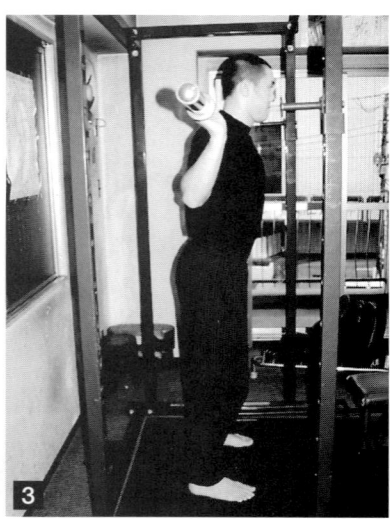

スクワットの膝関節の角度を実際の動きに近い角度にしてゆきます。

体重の75％の負荷に10kg加えたウエイトで10回、さらに5kg加えたウエイトで5回、これで膝角度70度（水平）まで下げるスクワットでウォームアップします。

さらに10kg加えて、膝角度90度までのハーフスクワットを2カウントで降ろし、1.5カウントで上げます。5回×3セットを行います。セット間は5分です。

■ Jumping Squat／ジャンピングスクワット

手の振りを伴うことや反動を利用することが、踏み込む事にいかに大事であるか、理解してもらうためにプログラムに入れました。

1～2ヶ月目

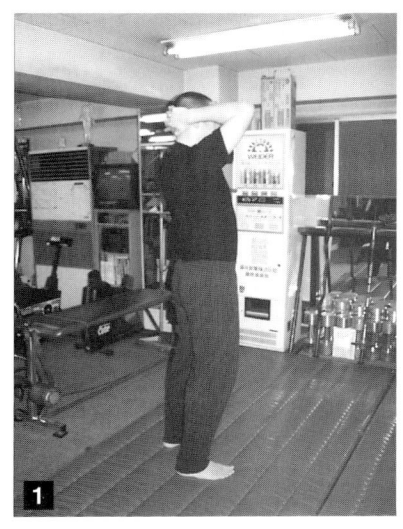

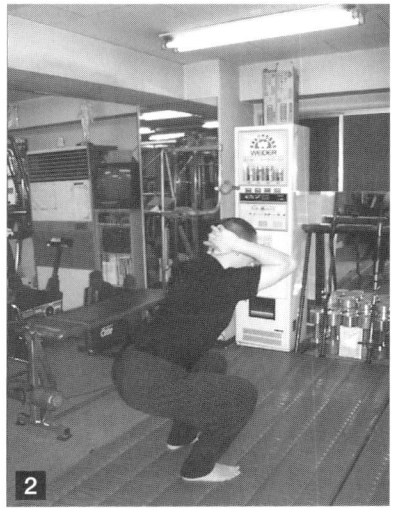

1ヶ月目、手を首の後に組み、膝角度70度でしゃがみ込みます。ここから反動をつけずに、真上にジャンプします。ゆっくりつまさきから降りて、もとの角度に戻ります。1カウント静止後、弾みをつけずにジャンプします。15回×3セット、1分間休みます。

2ヶ月目、手首を首の後に組み、膝角度70度までしゃがみ込み、反動をつけて真上にジャンプします。つまさきから降りて、もとの角度までしゃがんで、すぐ反動をつけてジャンプします。15回×3セット、1分間休みます。

3ヶ月目

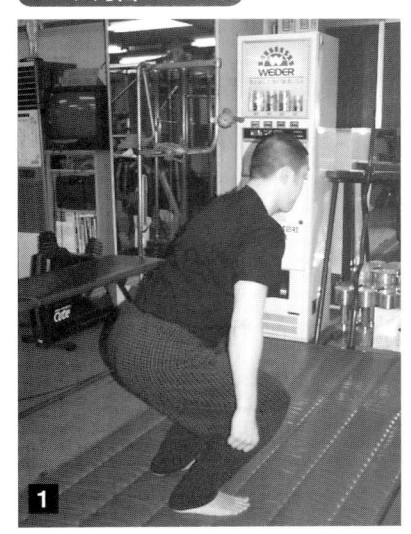

3ヶ月目、手を自由にして立ちます。膝角度70度までしゃがみ込み、手を振り、脚の反動を利用してジャンプします。15回×3セット、1分間休みます。

■Spiral Movement of Leg／チューブによる脚のスパイラルムーブメント

高められた筋の状態と空手の動作をつないでゆくものとしてプログラムに入れます。

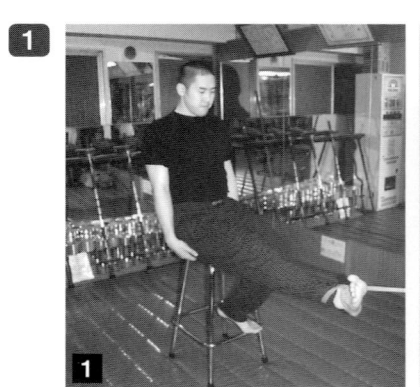

1　椅子に座り、左斜め前にチューブをつけ、右足首にチューブを巻き、膝を伸ばします。そこから外へ引き下ろします。ゆっくり元に戻し、20回繰り返します。

2　右斜め後へチューブをつけ、右足首にチューブを巻き、膝を曲げます。そこから内へ押し上げます。
ゆっくり元に戻し、20回繰り返します。

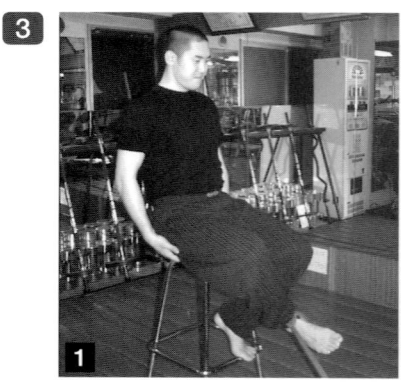

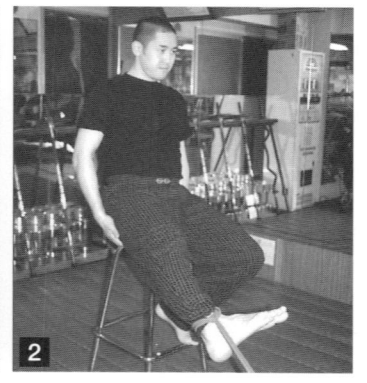

3　右斜め前にチューブをつけ、右足首にチューブを巻いて、膝を伸ばします。そこから内へ引き下げます。ゆっくり元に戻し、20回繰り返します。

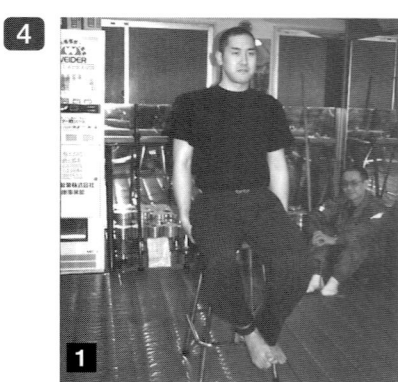

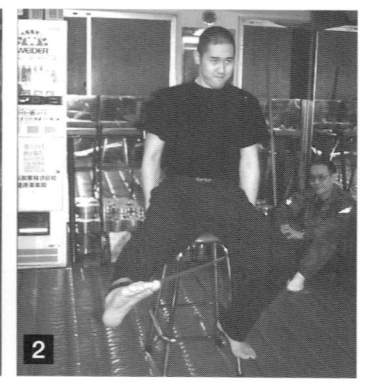

4　左斜め後へチューブをつけ、右足首にチューブを巻いて、膝を曲げます。そこから外に押し上げます。ゆっくり元に戻し、20回繰り返します。

■1〜4を同様に、左脚で行います。

Nメソッド　鍛練

■ Bench Press ／ベンチプレス

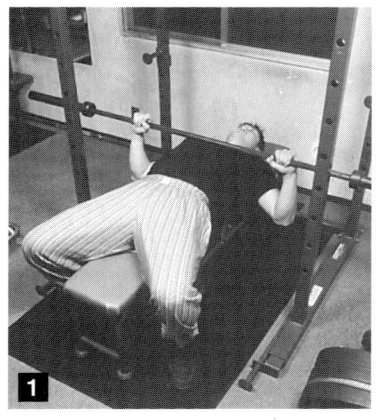

最大筋力法と動的スピード筋力法を複合することにより、実際の動きに近いスピードでの筋力発揮を促進します。
1セット目は10回出来るウエイト、2セット目は5回出来るウエイト、3、4、5セット目は3回出来るウエイト（最大筋力法）、6、7、8セット目は10回出来るウエイトで、出来るだけ速く10回行います。（動的スピード筋力法）
セット間は5分です。

■ Lying Chest Pass ／ライイングチェストパス

フラットベンチに寝てメディスンボールを両手に、肘を曲げて持ちます。両手をスピードをつけて伸ばし、メディスンボールを真上に出来るだけ高く投げます。肘を曲げながら受け、これを10回繰り返します。

■ Prome Lying Pull & Push ／プローンライイングプル＆プッシュ

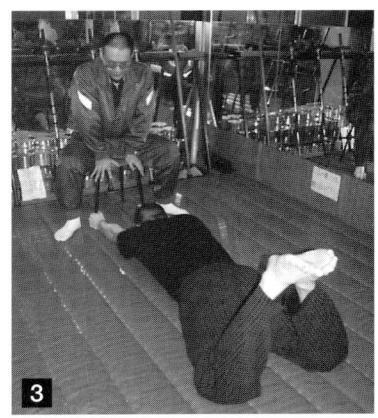

動作の切れとは、主動筋が働いている時に、拮抗筋が働いていないという事であり、この切り返しの速さをより良くする為にこの種目を行います。
うつ伏せに寝て、椅子の足（パートナーでも可）を持ちます。出来るだけ速く、頭を椅子の下に引き付け、引き付けた瞬間に出来るだけ速く押し出します。
往復1回として、20回を20秒で行えるようにして下さい。3セット。セット間は1分です。

Chapter 1 Resistance

PROGRAM 13-B

All-inclusive Exercise 8
複合エクササイズ8

ベントオーバーロウも片手で行うという高度なものになります。このエクササイズで体幹の捻りが養成され、実際の突き技の質が大きく変化します。空手競技の実際の技術練習でもスムーズな動きとスピードを実感していると思います。

■ Dead Lift ／ デッドリフト

最大筋力法に等尺性トレーニングを加えることにより、立体での体幹の支持を高めます。
1セット目、10回出来るウエイト、2セット目、5回出来るウエイト、3セット目は3回出来るウエイトで行います。ここまでがウォームアップです。4セット目は1回出来るウエイトに10kg加えてラックの上に乗せます。ラックから上体を引き起こしながら直立し、10秒保持します。この方法で3セット行って下さい。

■ One Hand Bent-over Row ／ ワンハンド・ベントオーバーロウ

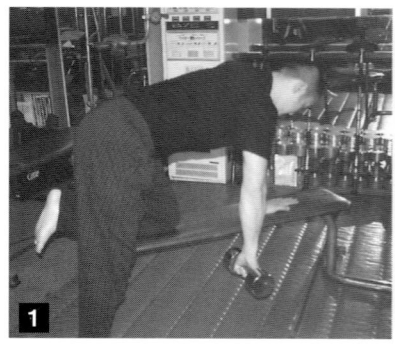

片手で行うことにより、体幹の捻りが加わります。突きの時、外腹斜筋、背筋、腹筋を中心とする後方の捻りと、肩と腕を後へ引くという動作に続いて、腰が前へ捻られます。片手で行うことにより、この連動を意識しやすくなります。手の甲を前に向け、肩、背中、腰を少し前に落とします。腰を後に少し捻り、背中を上げ、肩を内側へ寄せ、腕を体側へ引き寄せます。降ろす時は腰、背中、肩の順に降ろして下さい。
ゆっくり左手で10回行い、続けて右手で10回行います。これを1セットとして、2セット行って下さい。

■ Standing Wrist Carl ／ スタンディングリストカール

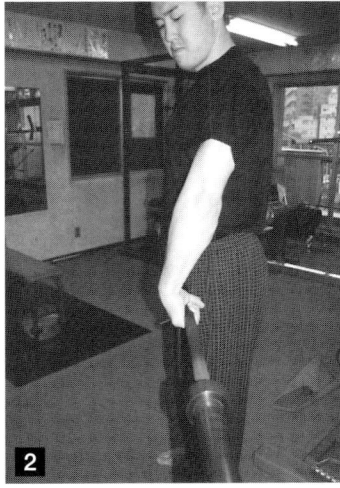

これは手首を鍛える種目です。

手首を強化することは肘周囲の筋を強化することにより、突きの衝撃から肘を守ることになります。手の甲を上にして、バーベルを持ちます。シャフトのみでプレートはつけません。

手首を上に出来る限り伸ばし、次に出来る限り曲げます。

往復1回として20回を30秒休み、3セット行います。

PROGRAM 14-A

All-inclusive Exercise 9
複合エクササイズ9

13-Aのプログラムをさらに高度にし、複合的にトレーニングします。このレベルになるとトレーニング開始の頃の運動能力とはまったく異質なものとなっています。空手競技においても技のスピード、切れ、衝撃力が以前とは比較のしようもない程に各段の差が出ています。

■ Squat／スクワット

今回の膝関節の角度（110度）と前回の膝関節の角度（90度）の間に適切なあなたの空手での角度があるはずです。実際の膝関節の運動範囲に近い形での筋力を発揮する事で、技術、または専門的筋力の不足などの改善を行うことが出来ます。または専門的筋力の不足などの改善を行うことが出来ます。

体重の75％の負荷に10kgを加えたウエイトで10回、さらに5kg加えたウエイトで5回、この2セットを膝関節角度70度のフルスクワットで行います。さらに10kg加えて膝関節角度90度までのハーフスクワットを1セット行います。さらに10kg加えて膝関節角度110度までのクウォータースクワット5回×3セット行って下さい。セット間5分。必ず補助者を左右に一人づつ、後に一人つけて行って下さい。

■ Drop Jump ／ ドロップジャンプ

筋肉は急に伸ばされると、それに逆らってほとんど同時に収縮します。この反応スピードを高めるために行います。

フォワードジャンプ

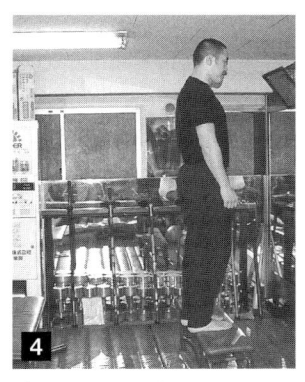

40cmの高さのボックスの上に立ちます。マットの上に飛び降り、腕で反動をつけずに60cmの台へ飛び上がります。

リバース・ジャンプ

続いて、後向きのまま飛び降り、低い台へ飛び上がります。

往復10回×2セット、セット間5分で行って下さい。

2ヶ月目

今度は同じ高さの台を利用します。台からマットの上に飛び降りた後、体を180度回転させながら、もう一つの台に飛び上がります。

3ヶ月目

3ヶ月目は前向きで右脚を上げて広げて行い1セット、左脚を上げて広げて1セット、30回行って下さい。

N メソッド　鍛練

■ Spiral Movement of Lower Limbs ／チューブによる下肢のスパイラルムーブメント

ウエイトトレーニングでは、どうしても単純な関節の動きが多く、それだけでは実際の動きには不十分であり、これを補うために下肢の対角線のパターンをする必要があります。

1

右斜め後にチューブをつけ、右足首に巻き、後に伸ばす姿勢から始めて、脚を左前まで引いていきます。20回、出来るだけ速いスピードで行います。

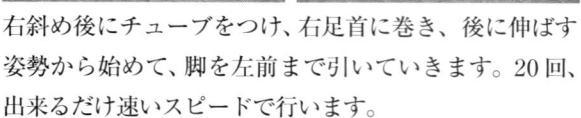

2

左斜め前にチューブをつけ、右足首に巻き、前に伸ばす姿勢から始めて、脚を右後まで引いていきます。20回。

3

左斜め後にチューブをつけ、右足首に巻き、脚を外に開いて後に引いた姿勢から、右斜め前に引いていきます。20回。

4

右斜め前にチューブをつけ、右足首に巻き、脚を内に向けて右前に伸ばした姿勢から、左斜め後へ引いていきます。20回。

1〜4を左脚でも行います。

■ Bench Press ／ ベンチプレス

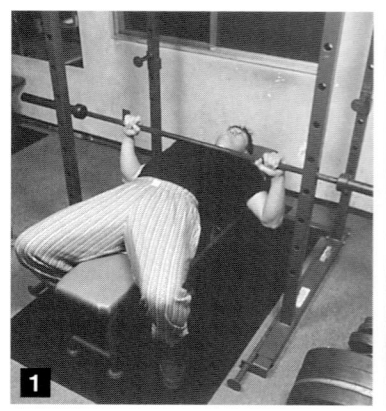

動的スピード筋力法と衝撃法のスーパーセットを行い、始動時の筋力とパワーを高めます。

1セット目は10回出来るウエイト、2セット目は5回出来るウエイト、3、4、5セット目は肘と肩が同じ高さになるまで降ろし、出来るだけ速く5回行い、下記のライイングワンハンドチェストパスとスーパーセットを組みます。セット間は5分です。

■ Lying One Hand Chest Pass ／ ライイングワンハンドチェストパス

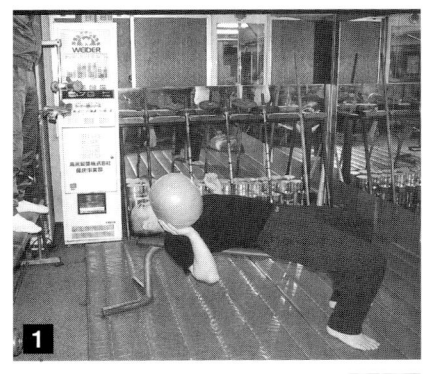

フラットベンチに寝て、メディスンボールを右手に持ち、スピードをつけて高く投げます。左手で受け取り、左右で1回として10回行います。

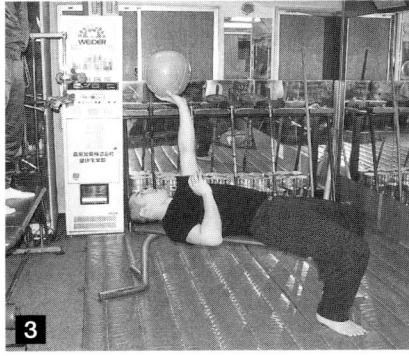

■ Triceps Kickback & Back Extension ／ トライセップスキックバック&バックエクステンション

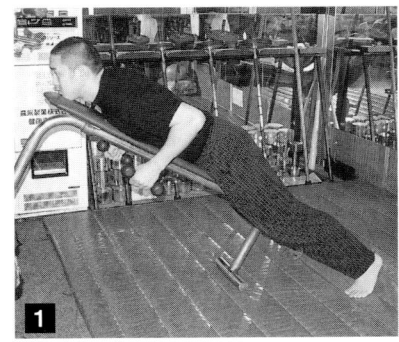

上腕三頭筋と固有背筋の運動を意識して行って下さい。両手にダンベルを持ち、シットアップボードを斜めにしてうつ伏せに寝ます。肘を固定して手のひらを下に向けた上体から、手のひらを内に返しながら肘から先を上げていきます。同時に頭を上げて背筋に力を入れていきます。10回×3セット、出来るだけ速く上げます。

PROGRAM 14-B

All-inclusive Exercise 10
複合エクササイズ 10

レジスタンストレーニングにより、複合的な運動能力が「超」がつく程に高められました。あらゆる態勢、角度からも有効な突き、蹴り技が瞬時に繰り出すことが出来ます。相手の攻撃に対しても無駄な動きをせずに捌くことも可能になっているはずです。空手における強さということが実感できるレベルに達しています。

■ Dead Lift ／ デッドリフト

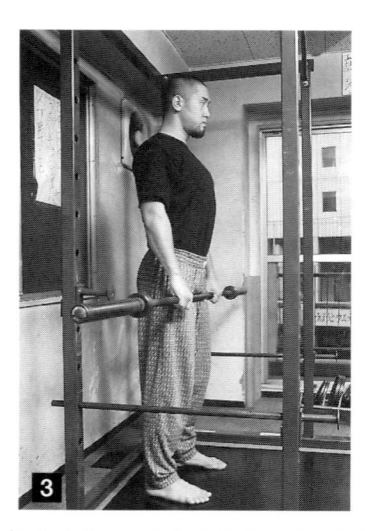

最大筋力法に伸縮性トレーニングを加えることによって、超最大筋力を発揮させます。
1セット目、10回できるウエイト、2セット目、5回できるウエイト、3セット目は3回できるウエイト、ここまでがウォームアップです。4セット目は1回出来るウエイトに10kg加えてラックの上に乗せます。5カウントでゆっくりこの位置から下げていきます。下についたら20kg外してもらい、自力で持ち上げてラックに戻します。この方法で3セット行って下さい。

■ Sit Up with Medicine Ball／メディスンボールによるシットアップ

腹部が伸ばされないように耐えていく為の種目です。

1ヶ月目

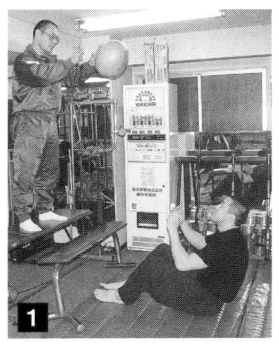

パートナーは1メートルくらいの台上にメディスンボールを持って立ちます。台から1メートルくらい離れ、シットアップの上がった状態で少し肘を曲げ、前に出します。パートナーが投げたボールをこの状態で受け取り、両手で投げ返します。1分間休みで3セット行います。20回です。

2ヶ月目

2ヶ月目は後向きで行って下さい。

3ヶ月目

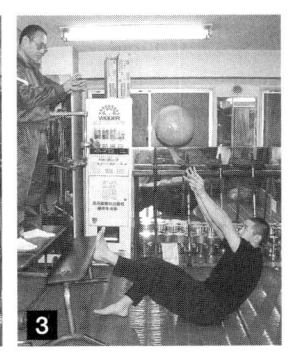

3ヶ月目は前向きで右脚を上げて広げて行い1セット、左脚を上げて広げて1セット、30回行って下さい。

■ Wrist Roll ／リストロール

A

1 **2**

前腕部の伸・屈筋群を強化することにより、握力が強くなります。リストロールに 2.5kg の重りをつけ、手のひらを下にしてゆっくり巻き上げ、ゆっくり巻き下ろします。10 回。

B

1 **2**

すぐに手のひらを上にしてゆっくり巻き上げ、ゆっくり下ろしていきます。10 回。

これを 1 循環として、3 循環行って下さい。

Nメソッド　鍛練

Chapter 2
Super Power Training

スーパーパワートレーニング

　スーパーパワートレーニングは、空手に必要な力強さ（ハイパワー）、力強さの持続（ミドルパワー）、ねばり強さ（ロウパワー）を鍛えるために9つのプログラムで構成させています。レジスタンストレーニングで覚えた種目を復習すると共に、新たな種目、トレーニング法を実行してもらいます。1つのトレーニングプログラムを、週2回（2日～3日間隔を開ける）2ヶ月間（8週間）続けます。

　2ヶ月続けたら1週間の休養をとって、次のプログラムへ進んで下さい。9つのプログラムが終了するまで約1年7ヶ月かかります。

　ストラスプール大学学生歌は「教えとは、人と希望を語ること。学ぶとは誠実を胸に刻むこと」と唱っています。

　私は、このプログラムを通じて、あなたの3つのパワーが飛躍的に伸びるための真理を語り、情熱を込めて、夢と希望を語りたいと思います。

　あなたが、このプログラムを通して、自分自身の体の真実を学び、自分自身の夢と理想を実現することを、私は期待しています。

N メソッド　鍛練

PROGRAM 1

Aero Combination Training
エアロコンビネーショントレーニング

ロウパワーは、2分から2～3時間を要する競技に必要なパワーである。十分に発達したロウパワーはその競技がハイパワー、ミドルパワー的なものであっても、全体のエネルギーの利用を増加させ、ハイパワー、ミドルパワーの利用後の回復がロウパワーの不足している競技者より早く回復します。

プログラム1、2、3は複数の全身運動により休息を入れずに20分以上行うことでロウパワーを高めます。

■ Regular Step ／ レギュラーステップ

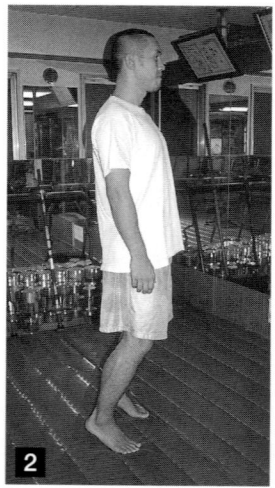

両足を一足分づつ開き、あごを少しひき、上半身の力を抜きます。ひざをゆるめて、爪先で軽くジャンプし、かかとをつけずに3分間行います。

■ Skating ／ スケーティング

右足で立ち、左足を曲げ、身体を前傾させます。この姿勢から右足で蹴って体重を移動し、曲げていた左足を伸ばして支持します。今度は、左足で蹴って右側へ体重を移転します。2分間行います。

Nメソッド 鍛練

■ Alternate Step ／ オールタニットステップ

レギュラーステップと同じ要領で、今度は左右の足で交互にステップします。
3分間行います。

■ Both Side Jump Step ／ ボースサイドジャンプステップ

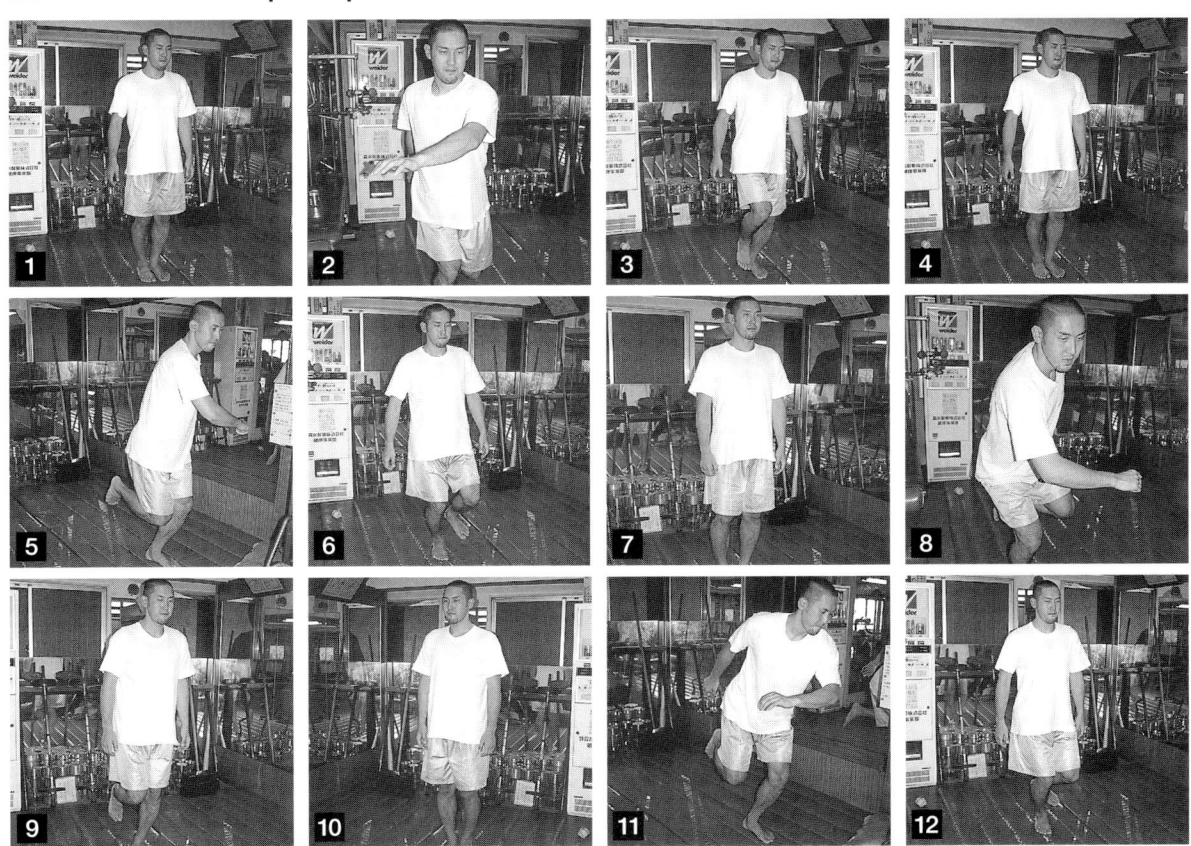

両足を肩幅に開き、右斜め前に向け、右足で跳び、続いて左足が跳んだ方向についていくようにします。もとの位置に左足からもどり、右足がついてくる。次に左斜め前に向きを変えて行います。これを交互に2分間反復します。

最初の1分間は右斜め方向に跳んだ時、左腕を前、右腕を後、左斜め前に跳んだ時、右腕を前、左腕を後にします。最後の1分間は、右斜め方向に跳んだ時、右腕を前、左腕を後、左斜め方向に跳んだ時、左腕を前、右腕を後にして下さい。

Chapter 2 Super Power Trainnning

■ Two Step ／ツーステップ

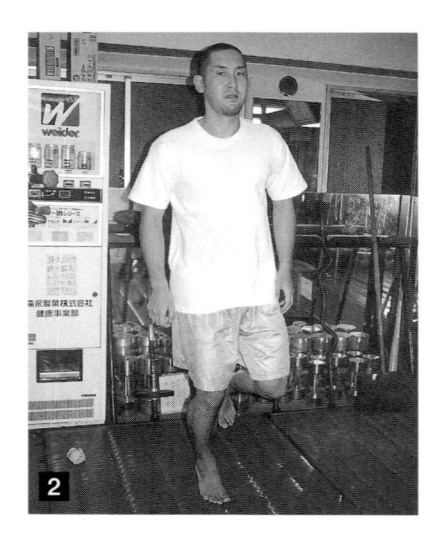

レギュラーステップと同じ要領で、今度は左右の足で交互に2回連続してステップします。3分間行います。

■ Side to Side Ankle Hop ／サイドトゥーサイドアンクルホップ

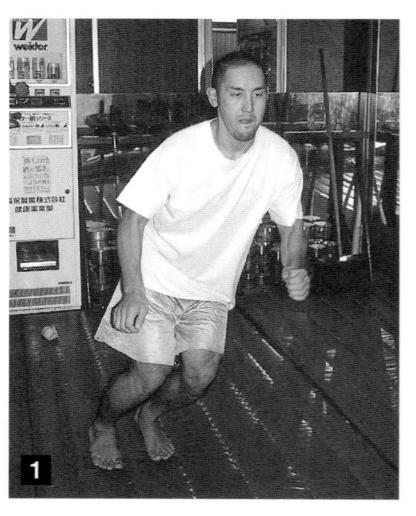

両足を閉じて立ち、右側へ両足のつまさきでジャンプしながら移動し、接地すると同時に、左側へ両足のつま先でジャンプして移転します。これを左右交互に2分間行います。

■ One Two Step ／ワンツーステップ

レギュラーステップと同じ要領で、オールタニットステップ（ワンステップ）とツーステップをコンビネーションして行います。左右の足で交互に1回づつ、左右の足で交互に2回づつステップして3分間続けます。

■ Sole Touch ／ソウルタッチ

両足を軽く開いた姿勢からジャンプして右手で左足の裏に触れます。続いてジャンプして左手で右足の裏に触れます。次にジャンプして後にまわした左足の裏に右手で触れます。続いてジャンプして後にまわした右足の裏に左手で触れます。これを2分間続けます。

PROGRAM 2

Aero Combination Training 2
エアロコンビネーショントレーニング 2

プログラム1と同様にフットワークを巧くする全身運動のエクササイズを組み合わせてあります。一つのエクササイズを3分間行い全体で20分以上続けることで、ロウパワーを高めます。

■ Front Heel Touch Step ／ フロント・ヒールタッチステップ

両足を揃えた姿勢から右足を曲げ、次にその右足を伸ばしながら、足のかかとを床につけます。
支持している左足は少し曲げステップします。左右交互に1回づつ反復して下さい。

■ High Knee Skip ／ ハイニー・スキップ

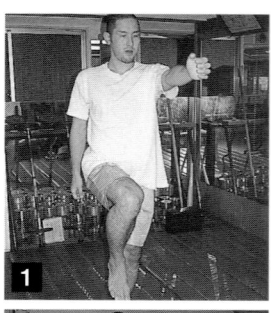

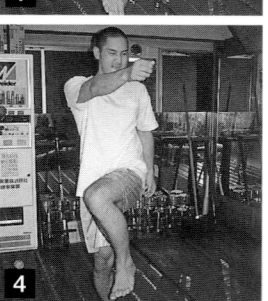

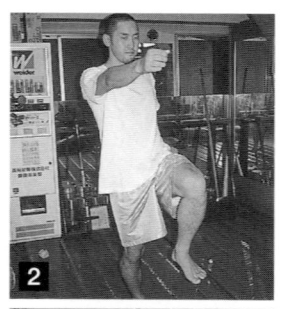

通常の二足歩行では、左右の足は一回づつ交互に触地しますが、スキップはこれが二回づつ交互に触地します。
膝を高く上げ、腕を大きく振りながら、リズミカルにスキップして下さい。一回づつ膝の方向を外、中、内と変化させて下さい。

■ Cross Heel Touch Step ／ クロス・ヒールタッチステップ

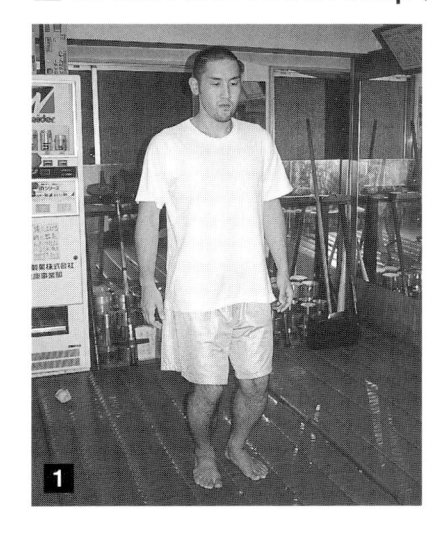

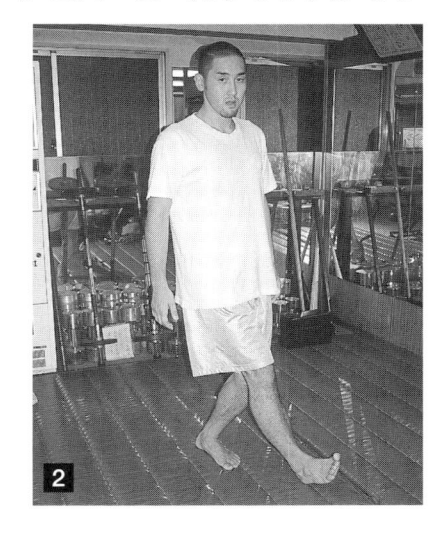

フロント・ヒールタッチステップと同じ要領ですが、今度は右足のかかとを左側の床につけます。左足も同様に行い、左右交互に行って下さい。

■ Kick Step ／ キック・ステップ

ハイニー・スキップと同じ要領ですが、膝を高く上げると同時にキックし、素早く戻します。1回毎に、キックする高さを顔、胸、腹と使い分けるようにします。左右交互に行って下さい。

■ Side and Front Heel Touch Step ／ サイドアンドフロントヒールタッチステップ

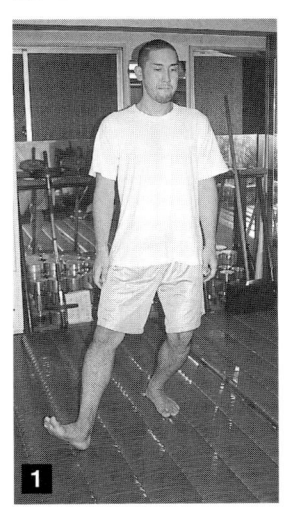

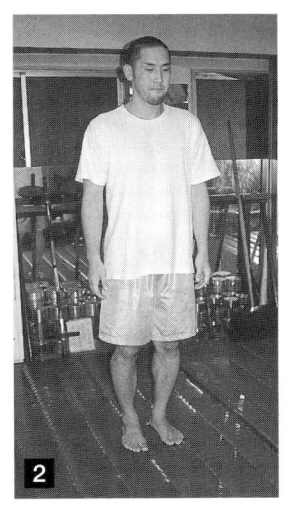

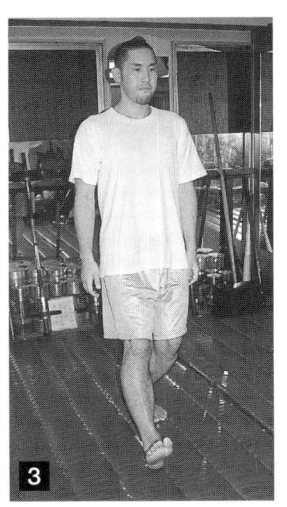

右足のかかとを身体の右側と前に連続して床に着けます。支えている左足はステップしています。左右の足で交互に行います。

■ High Knee Skip and Clap ／ ハイニー・スキップ＆クラップ

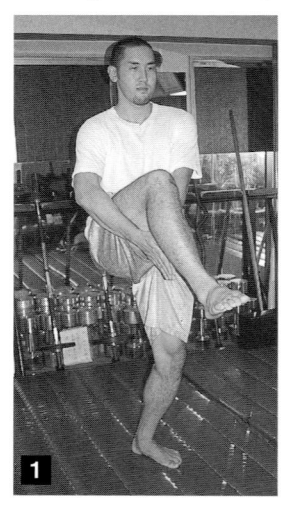

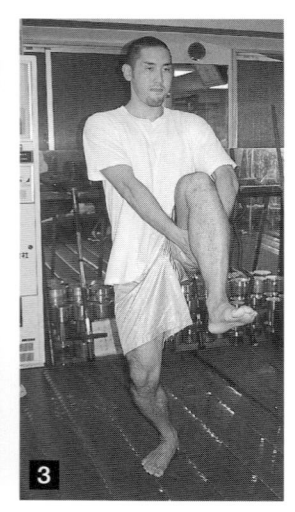

ハイニー・スキップと同じ要領ですが、膝を高く上げ、その下で手を叩きます。膝の高さを顔、胸、腹と使い分けます。

■ Jump & Side Thrust ／ ジャンプ＆サイドスラスト

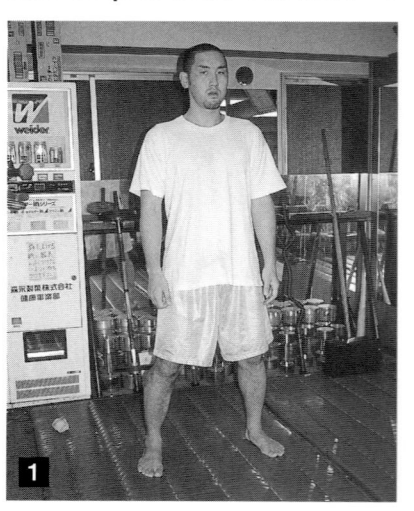

両足を肩幅の1.5倍に開いて立ち、ジャンプします。右足をかかとから着き、身体を横に移動します。最初の姿勢に戻り、再びジャンプ、今度は左足のかかとを着き、身体を横に移転します。

■ Kick Step & Clap ／ キック・ステップ＆クラップ

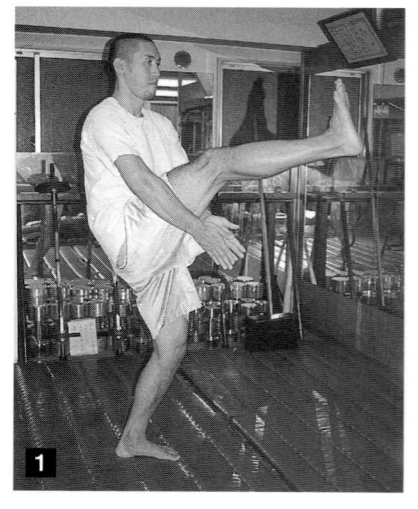

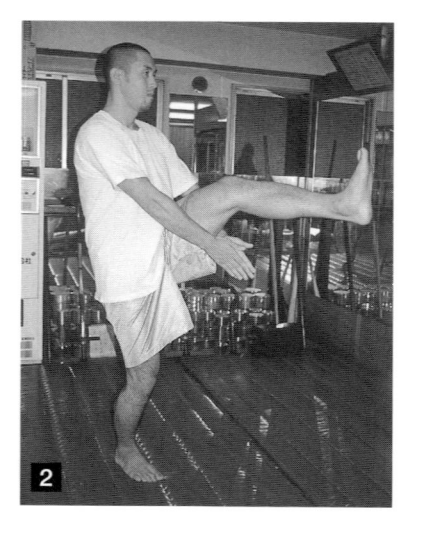

キック・ステップと同じ要領ですが、膝を高く上げて、膝の下で手を叩くと同時にキックします。1回毎に、相手の腹部を右、中央、左と想定して使い分けて下さい。

PROGRAM 3

Circuit Training 1
サーキットトレーニング 1

> バーピー・エクササイズからストラドルジャンプ＆ローテーションまでの種目の30秒間の最高回数を測定し、最高回数の50％を反復回数とします。反復回数が決まったら、ダイナミック・アドミナル・ブレーシングを含めて3循環行い、その所要時間の90％をトレーニング実施時間の目標とします。途中に休息をはさむことなくプログラムをすべてこなし、1循環後2分間休息します。ロウパワーを養成します。

■ Burpee Exercise ／ バーピー・エクササイズ

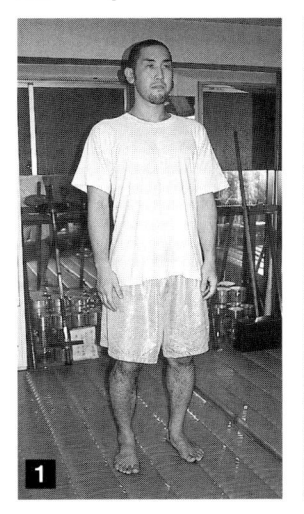

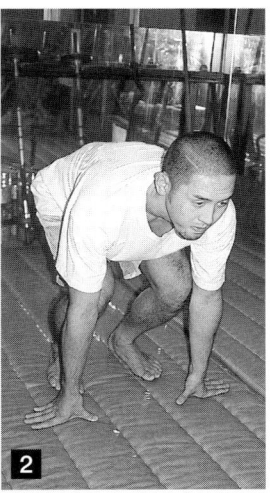

両足を揃えた姿勢で立ち、しゃがんで両手を床につけると同時に、両足を後へ伸ばします。爪先が床についた瞬間に両足を引きつけ、立ち上がって元の姿勢に戻ります。これを繰り返します。

■ Arm Swing ／ アームスウィング

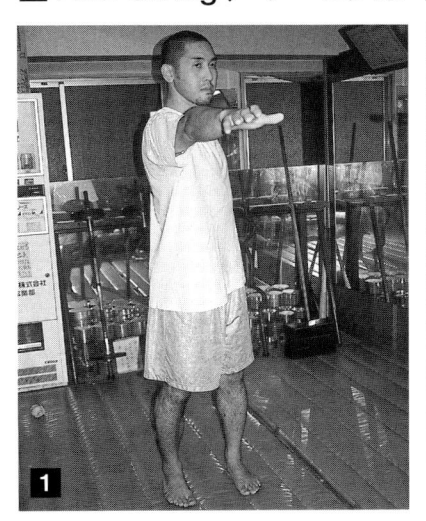

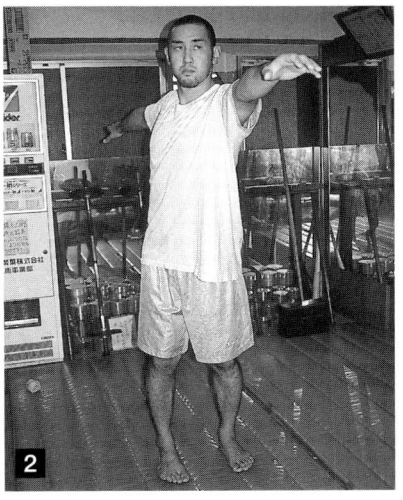

両足を肩幅位に開き、両肘を伸ばして手の平を下にして、脇につける。肩を中心にして肘を伸ばしたまま、腕を振ります。手が後に振られた時に、手、腕が内にねじられ、手首は手の平側に動かし、手が前に振られた時、手、腕は外にねじられ、手首は手の甲側に動きます。この動作を胸を張って出来るだけ速く行って下さい。手、肘、腕が胸を中心として足、膝、脚と連動していることが分かると思います。

N メソッド　鍛練

■ Knee Touch ／ニータッチ

両足を腰幅に軽く開き、左足で右膝の前に触れ、続いて右足で左脚の前に触れる。次に左足で右足の膝の裏に触れ、続いて右足で左足の膝の裏に触れる。

■ Kneeling Position Push Up ／ニーリングポジションプッシュアップ

膝をついて腕立ての体勢を取り、指先を軽く内に向け、両肩甲骨を引きつけます。足を組み、互いに押し合うことで、身体の安定性が増します。出来るだけ速く、腕の曲げ伸ばしをします。

■ Straddle Jump & Rotation ／ストラドルジャンプ&ローテーション

両足を股関節から内へ廻し、両腕を肩関節から内へ廻し、手の甲をつけます。ジャンプして両足を股関節から外へ廻し、両腕を肩関節から外へ廻します。ジャンプしながら元の姿勢にもどり、繰り返します。

Chapter 2 スーパーパワートレーニング

N メソッド　鍛練

■ **Dynamic Admiral Breathing（Trunk Curl Position）／ダイナミック・アドミナル・ブレーシング（トランクカール・ポジション）**

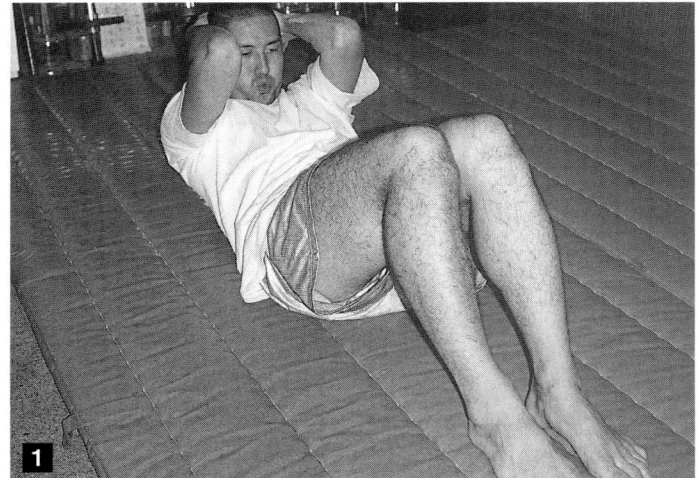

頭の後に手を置き、膝を曲げ、肩甲骨の下が床から離れるところで止め、ゆっくり息を吐き、再び息を吸いますが、この状態を10呼吸（10回）キープします。

Chapter 2 Super Power Trainnning

Nメソッド 鍛練

PROGRAM 4

Circuit Training 2
サーキットトレーニング2

　一流の選手たちは、バランスをコントロールしながら、効率よく動く能力に優れていることが多いです。
　この能力を向上させるために、最初の3つのトレーニングはすべて片脚で行う種目です。後半は腕・肩をバランスよく鍛えます。

■ Single Leg Squat ／ シングルレッグスクワット

自分の体重の30～80％の負荷を肩に保持します。前脚に負荷がかかるように、後脚を台にのせ、胸を張り、前足に体重をかけながらしゃがみます。上半身を立てて、重心を真下に降ろし、身体をコントロールしながら、前足の母指球を意識して、膝を伸ばします。
左右交互20回3セットづつ行って下さい。

■ Side Lying Hip up Abduction ／ サイドライイングヒップアップアブダクション
（エルボーポジション）

左足を台の上にのせ、床に肘をつきます。
1セット目は身体を拳上し、降ろし左足を開き20回繰り返し、反対足を行います。2セット目は、身体を拳上し、足を開き、足を閉じ、身体を降ろします。

Nメソッド　鍛練

■ Side Lying Hip up Adduction ／ サイドライイングヒップアップアダクション
（エルボーポジション）

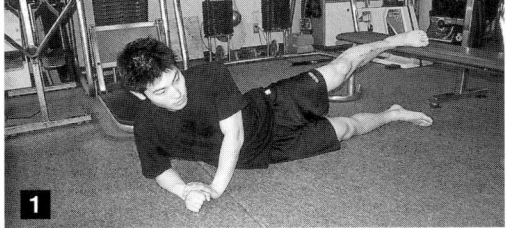

左足を台の上にのせ、床に肘をつきます。
身体を拳上しこの状態を保ちます。右足を閉じていき、最終位置で足を回転する。
左右交互に20回づつ2セット行います。

■ One Hand Scapula Adduction ／ ワンハンド・スカプラ・アダクション

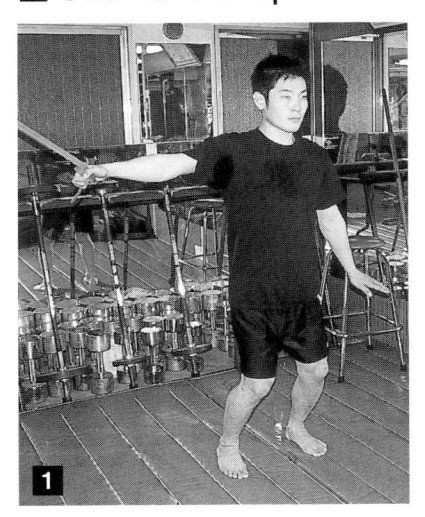

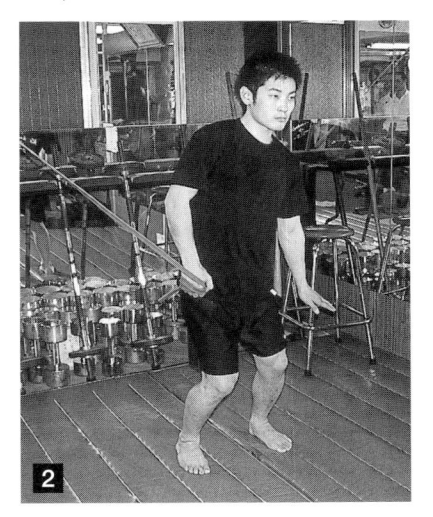

プーリーの横に立ち、膝と股関節を軽く曲げる。右手でケーブルを持ち、左手は伸ばして、手の平を床と平行に向けます。
ケーブルを体側に引きながら、反対の腕を伸ばします。
20回できるウェストで左右交互に2セット行って下さい。

■ Straight Arm Heart call Deck Fly ／ ストレートアームハーティカルデッキフライ

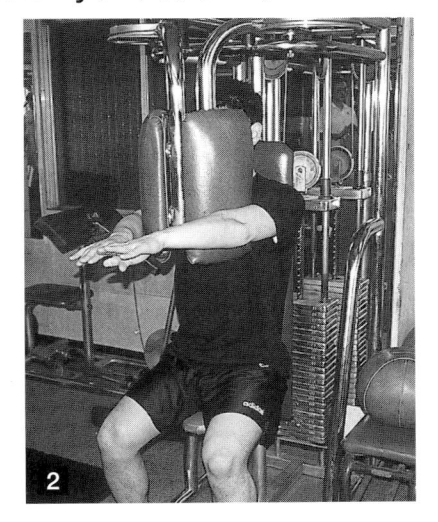

背もたれに背中をしっかりつけ、肩を水平にして、手の平を下にして座ります。胸を張りながら、肘を中央部へ合わせます。両母指側が触れたら、ゆっくり元の位置に戻していきます。
10回行ったら、休息を入れずに3に移ります。

Chapter 2　Super Power Trainnning

Nメソッド 鍛練

■ Vertical Deck Rear Raise ／ バーティカルデッキリヤーレイズ

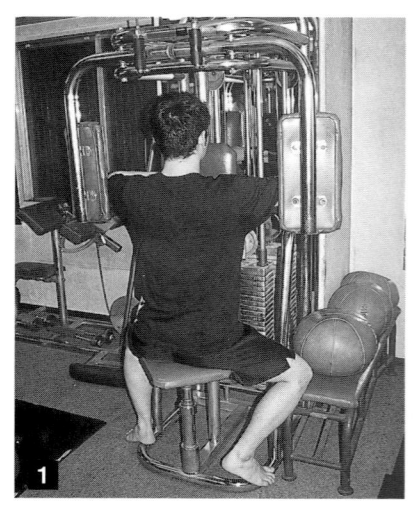

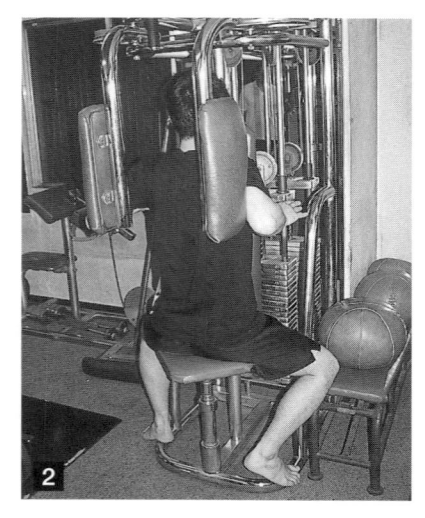

背もたれに胸をつけ、肩を水平にして肘を曲げてパットに置きます。肘でパットを押しながら、肩甲骨を寄せていきます。
ゆっくり元の位置に戻していきます。
10回行ったら、1分間休息して2に戻ります。
2と3をスーパーセットに組み、3セット行って下さい。

■ One Hand Cable Curl & Pull Down ／ ワンハンドケーブルカール&プルダウン

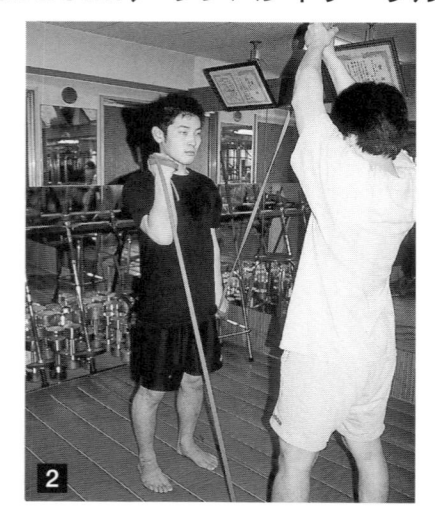

右手でケーブルを持ち、カールを行い、同時に左手でプルダウンを行います。
10回続けたら、左右を交換して2セット目を行います。

PROGRAM 5

Circuit Training 3
サーキットトレーニング　3

　最大筋力の50％を使用して20回反復した後、90秒間の休息をはさみながらすべての種目を3循環行います。
　ミドルパワー、ロウパワーの養成を目的としています。

■ Squat with K-board／Kボードを利用したスクワット

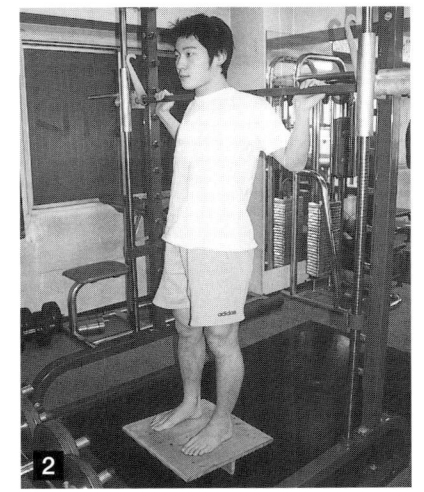

〈1循環目〉

Kボード（キネステック・プライマー・ボード）を使用してバランス訓練も同時に行います。マルチ・プレスの中で裸足でKボードに乗ります。1循環目は、両足を下の板に直角に置く方法で、前後にバランスをとりながら、ゆっくりしゃがみ立ち上がります。

〈2循環目〉

2循環目は、両足を下の板に平行に置く方法で、左右にバランスをとりながら、ゆっくりしゃがみ立ち上がります。3循環目は、バランスがとりづらい方法を行って下さい。

Nメソッド 鍛練

■ Light Machine Pull Down Behind Neck ／ラントマシーンプルダウンビハインドネック

手幅を広めに握り、胸を張り、バーを後頭部へまっすぐ引きます。ゆっくり肘を伸ばしながら、元に戻しますが、肘はロックしないで、二回目以降の動作に続きます。

■ Spiral Motion Hip Lift ／スパイラルモーションヒップリフト

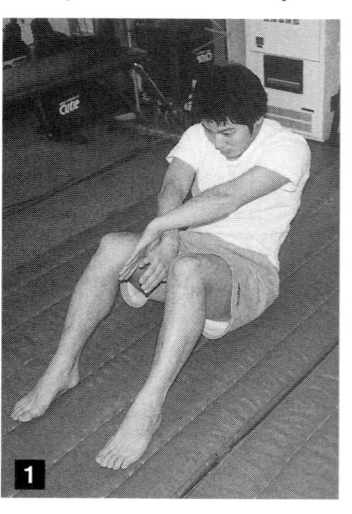

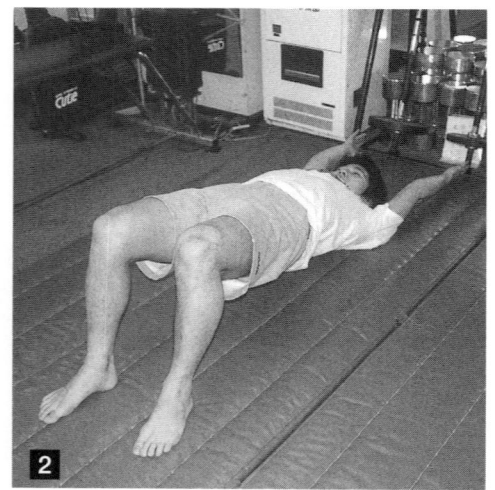

両膝を立て、腕を腹部でクロスしたシットアップのトップポジションから、尻を上げ、両腕を斜め上に床につくまで上げます。

■ Swing Push Up ／スウィングプッシュアップ

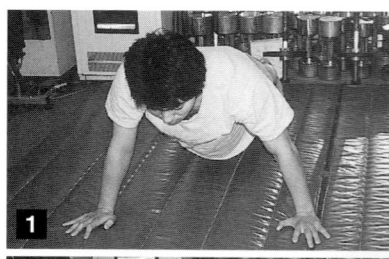

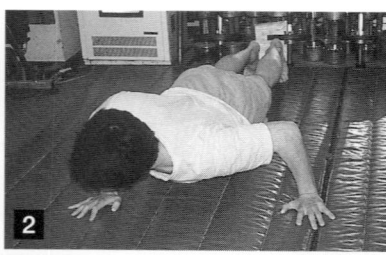

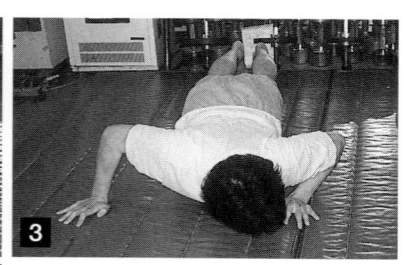

プッシュアップで腕を曲げながら、身体を左右二回づつ振ります。腕を伸ばす時も身体を左右に二回づつ振りながら伸ばしていきます。
きつくなったら膝を床につけて下さい。

Nメソッド 鍛練

■ Power Dead Lift ／ パワーデッドリフト

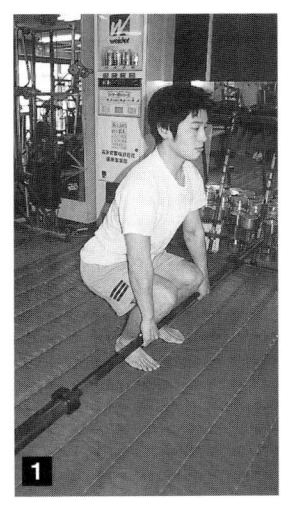

膝の上にバーベルを支持し、大腿の1／2まで引き上げると同時に腰を前に出すようにして、膝、足首を伸ばします。

■ Dumbbell Carl & Press (Bent Knee V-shape Sit up Position) ／ ダンベルカール＆プレス（ベントニー・V字シットアップポジション）

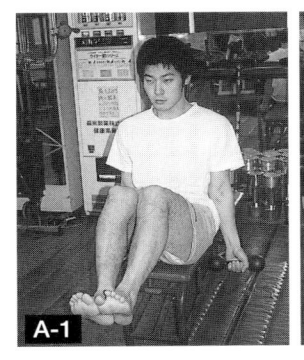

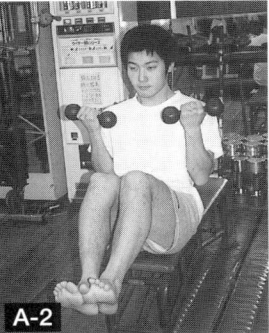

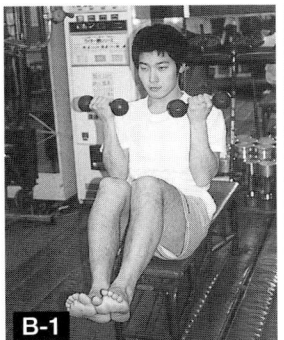

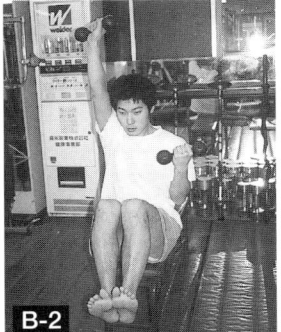

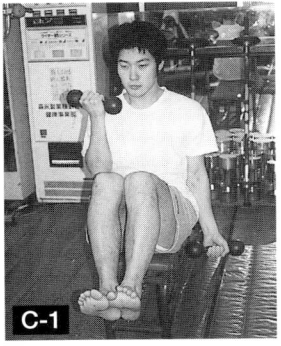

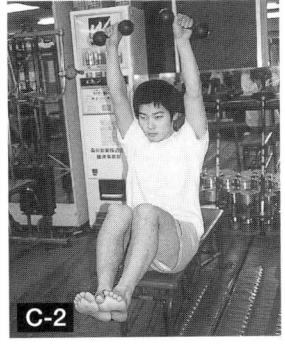

ブラントベンチに座り、膝を曲げて足を浮かせます。この姿勢をキープしながら、腕を巻き上げ、トップポジションから内に捻ってプレスします（A1〜A3）。
降ろす時は、逆の順序でゆっくり降ろします。
2循環目は、両手を同時に巻き上げ、交互にプレスします（B1〜B2）。
3循環目は、両手を交互に巻き上げ、同時にプレスします（C1〜C2）。

Chapter 2 Super Power Trainnning

PROGRAM 6

Circuit Training 4
サーキットトレーニング　4

最大筋力の60％を使用して12〜13回反復し、休息することなく30秒間のステップを行います。

サーキット間の休息は2分です。ミドルパワー、ロウパワーの養成を目的とします。

■ Bench Press（Vibration method）／ベンチプレス（バイブレーションメソッド）

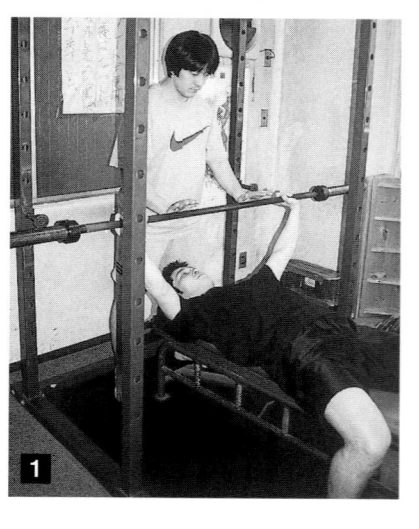

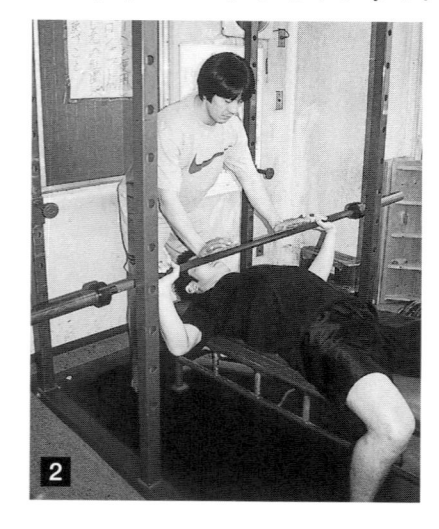

ベンチプレスでバーベルを挙上する時に、協働筋に刺激を与えるため、パートナーによって小さく前後にゆすってもらいます。このゆさぶりに抵抗しながら、ベンチプレスの軌道を守ってバーベルを持ち上げます。

■ Side Open Jump Step／サイドオープンジャンプステップ（レッグプロネーション）

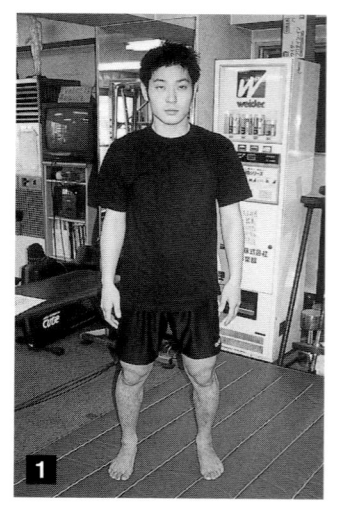

足をまっすぐにして、肩幅に開きます。

ジャンプしながら、足を横に広げ「ハ」の字の状態で接地します。足を横に開く時、腕を横に上げます。

Nメソッド 鍛練

■ Front Squat ／ フロントスクワット

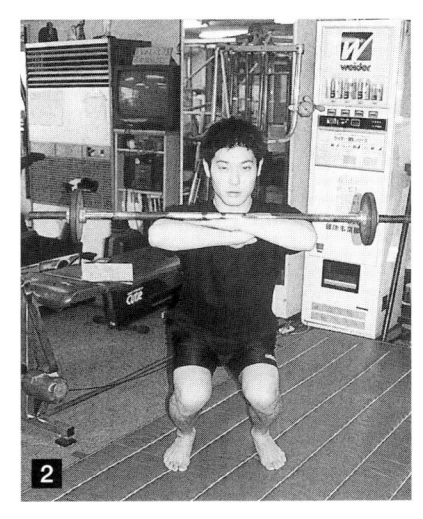

バーベルを三角筋で支持し、上体を真っ直ぐにキープして通常のスクワットと同様に腰を降ろしていきます。大腿下部と床が平行になるまで腰を降ろしたら、膝、股の順序で上げていきます。

■ Alternate Cross Jump Step ／ オールタニット・クロス・ジャンプ・ステップ

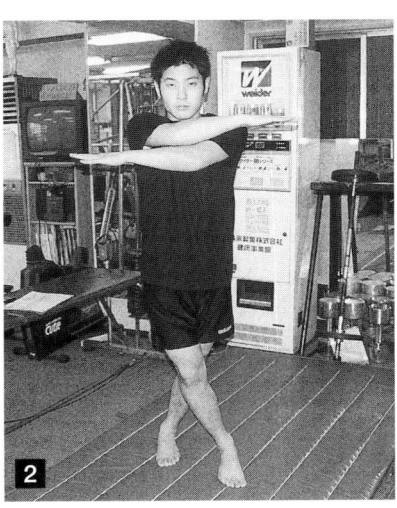

両足を肩幅に開き、両腕を横に上げます。ジャンプしながら左足を前、左腕を上にしてクロスします。手足を元に戻し、次にジャンプしながら右足を前、右腕を上にしてクロスします。手足を元に戻し、交互に行って下さい。

■ Bent Over Low ／ ベントオーバーロウ

肩幅に足を開き、膝を曲げて、上体を床と平行になるまでかがめます。息を吸いながら、肩甲骨を中心に寄せるようにしながら、バーをみぞおちに向けて引き上げます。肘が背中より高い位置にきたら、ゆっくり降ろしていきます。

Chapter 2 Super Power Trainnning 109

■ Alternate Forward Jump Step／オールタニット・フォーワード・ジャンプステップ

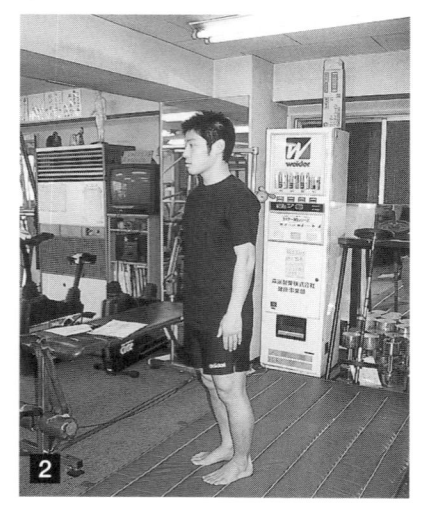

両足をそろえた位置から、ジャンプして左足を前、右足を後に開き、左腕を上げる。最初の姿勢にもどり、今度は、右足を前、左足を後に開く様にジャンプし、右腕を上げる。

■ Leg Press & Toe Press／レッグプレス&トウ・プレス

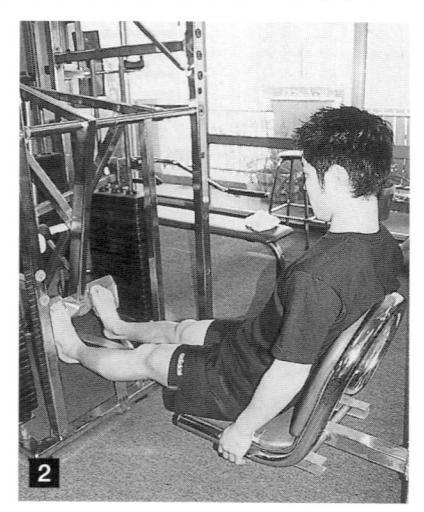

レッグプレスマシーンのシートに腰を下ろし、前方のプレスボードを置いた足で、ゆっくり押し上げていきます。膝が伸びたら、母指球中心に押していきます。ふくらはぎの収縮を確認したら、ゆっくり元に戻し、膝を曲げていきます。最初の6回はあごを上げ、最後の6回はあごを引いて下さい。

■ Pivot Jump Step／ピボットジャンプステップ

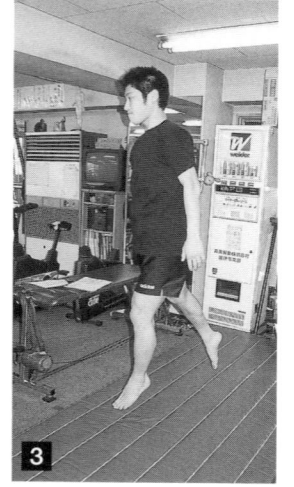

両足をそろえた位置から、左足はその場ジャンプし、右足だけを前後に動かし、手を前後に振ります。
右足だけを前後に動かす方法を1循環目に行い、2循環目は左足だけを前後に動かす方法で行います。
3循環目は不得意な足を行って下さい。

PROGRAM 7-A

Interval Training 1-A
インターバルトレーニング 1-A

このプログラムは最大努力に近い運動（脈拍で170～180拍）と運動の間にステップなどの不完全休息（120～130拍）を挟んで行うトレーニング法です。この方式のトレーニングは、身体にかなり強いストレスを与え、ミドルパワー、ハイパワーの向上がみられますが、障害を起こす危険があります。それ故に（A）（B）に分割してあります。各々を週一回づつ実施して下さい。

■ High Clean ／ ハイクリーン

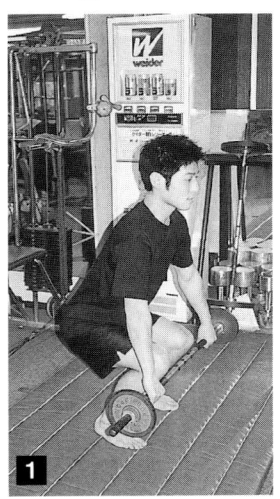

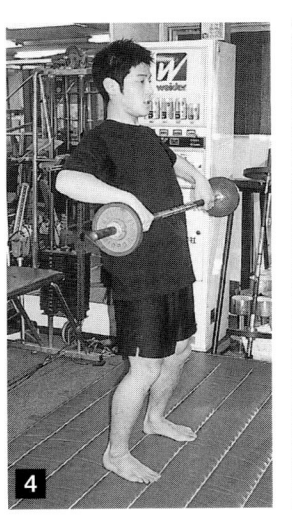

スタンスを腰幅に開き、つま先は外側に向け、腰をかがめて、肩幅より少し広めのオーバーグリップでバーを握ります。胸を張り、背を伸ばしたまま、バーをひきつけ、膝を伸ばし、腰を前方に突き出します。（踵はこの時自然に上がっていきます。）肘を高く上げて、バーベルを顎の方向に引き上げ、肘を身体側につけ、手首を返します。最後に膝を伸ばします。

N メソッド　鍛練

■ Boxer's Step Work ／ ボクサーズステップワーク

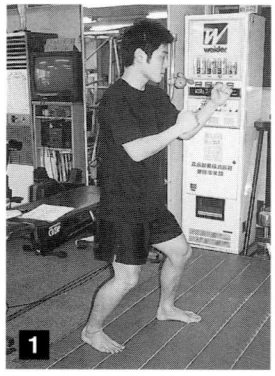

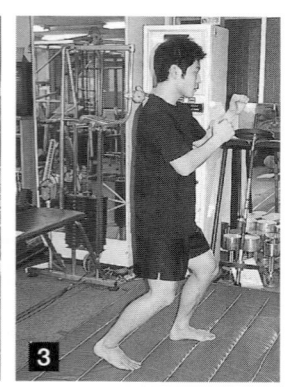

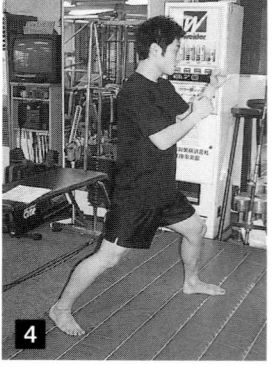

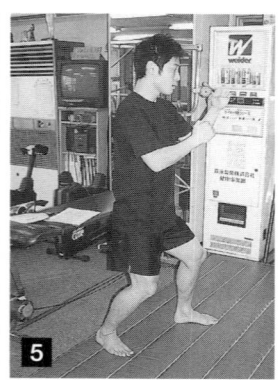

両足を肩幅の広さに開き、左足を一足から二足分前に出し、両足を真っ直ぐ正面に向ける。左足から前に出て、右足がすこしずれて前に出すようにステップし、後に下がる時は、右足から動き、左足がついてくるようにステップして下さい。

3分間軽くステップして心拍数を130拍に下げます。

■ Budo Step Work ／ 武道ステップワーク

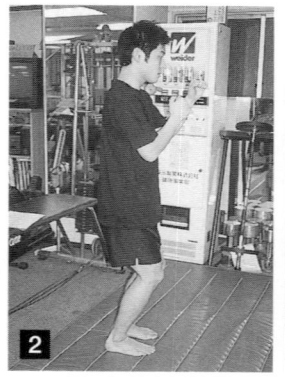

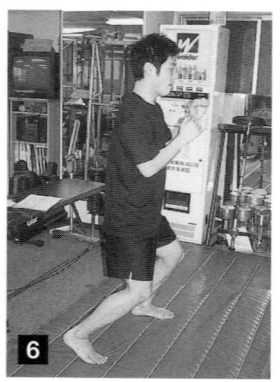

2と同様に左足を前に、つまりひだり構えを取ります。右足（後足）側を一歩引き寄せ、それから左足を踏み込みます。もとに戻る時は、右足から動き、左足がついてくるようにステップして下さい。

3分間軽くステップして、心拍数を130拍に下げます。

■ Skip Step Work ／ スキップステップワーク

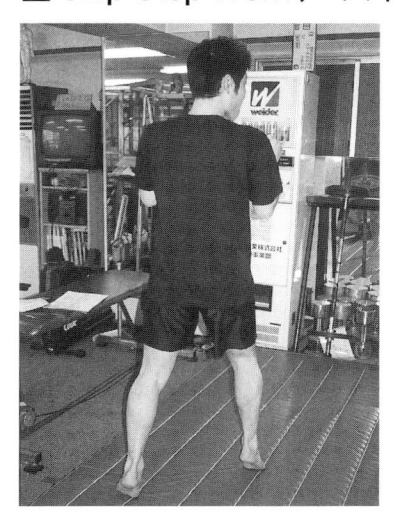

2と同様に、左足を前に、右足を後の構えを取ります。
右足を一歩踏みツーステップし、次に左足を一歩踏みツーステップします。
ゆっくり軽く3分間ステップして、心拍数を130拍に下げます。

■ Side Step Work ／ サイドステップワーク

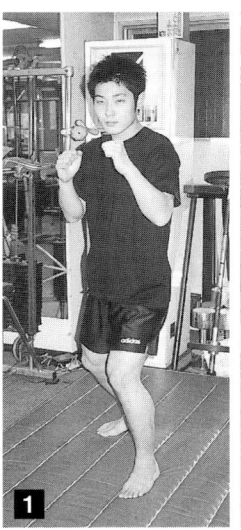

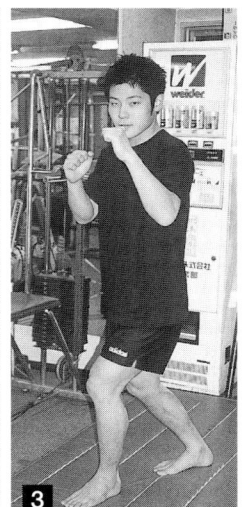

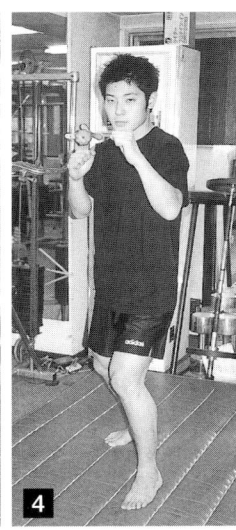

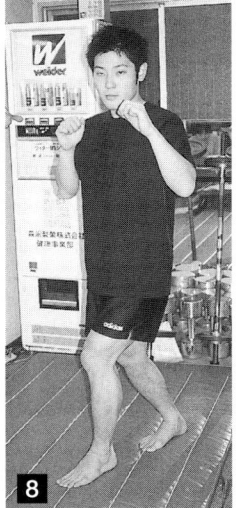

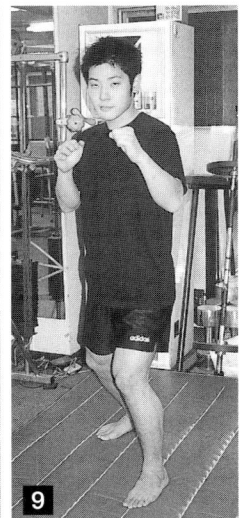

2と同様に左足を前に、右足を後にします。左足を右によせ、つづいて右足を右に移動し、次に右足を左によせ、左足を左に移動して元に戻る。今度は、右足を右によせ、つづいて左足を左に移動し、次に左足を右によせ、右足を左へ移動して元に戻る。

Chapter 2 Super Power Trainnning

PROGRAM 7-B

Interval Training 1-B
インターバルトレーニング 1-B

　1-A で説明したように身体にかなり強いストレスを与えるトレーニングです。身体に障害を起こす危険性がありますので、自分の身体と対話しながらトレーニングをすることが重要です
　ミドルパワー、ハイパワーの向上を楽しみにトレーニングに取り組みましょう。

■ Bench Press ／ ベンチプレス

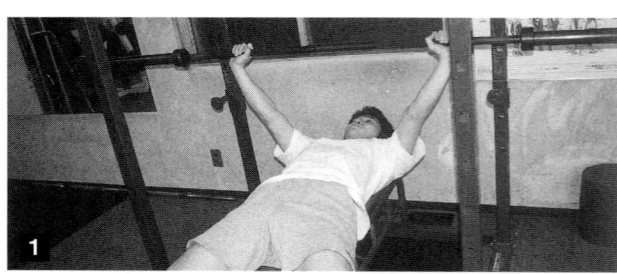

ウオームアップ後、最大筋力の 70% で 8 回行い、1 分休息後、2 に移動します。

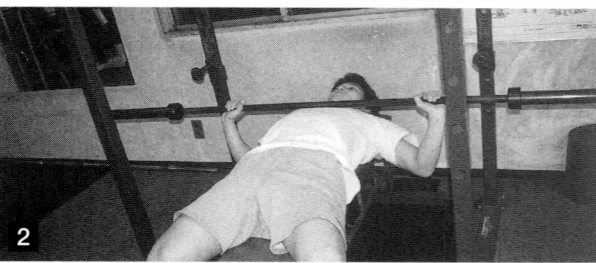

■ Lying Medicine Ball Chest Pass ／ ライイングメディスンボールテェストパス

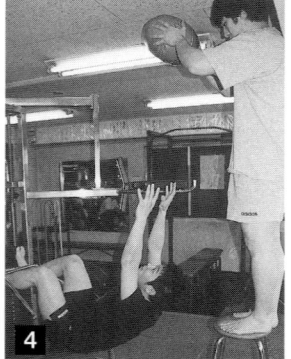

ウオームアップ後、最大筋力の 70% で 8 回行い、1 分休息後、2 に移動します。

■ Lat Pull Down Twist ／ ラットプルダウンツィスト

グリップを肩幅より少し広めにして、片手をオーバーグリップ（順手）、片手を逆手（アンダーグリップ）に握ります。胸にバーを着けるように引きながら、上半身をひねっていきます。最大筋力の60％で12回行い、1分休憩後4に移ります。

■ Pull Over Action Throw ／ プルオーバー・アクション・スロー

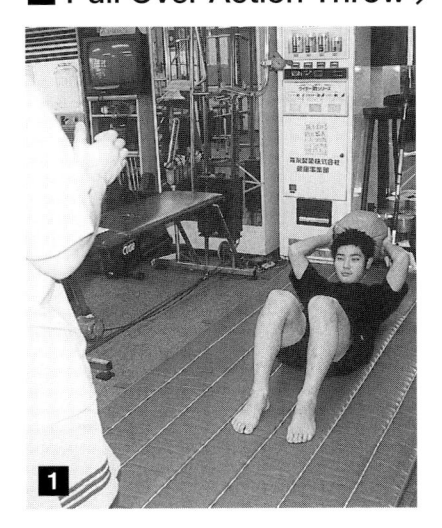

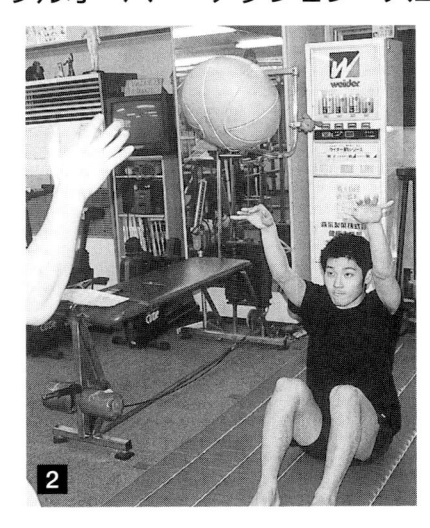

床に仰臥になり、膝を曲げます。メディシンボールは、腕を曲げて頭の後に支持して下さい。この姿勢から、上半身を起こすと同時にボールをパートナーに向けて投げます。10回行った後、3分間の休息を取って3に戻ります。3と4をセットにして、2セット行います。

■ Seated Back Press ／ シーテッドバックプレス

両肩幅より2握り分の位置を親指を回して握ります。フラットベンチに座った時、臀部と足裏で支持しているか確認します。背筋を伸ばして、バーを真上に押し上げていきますが、肩をすくめないように注意します。バーを降ろす時は、後頭部に沿ってゆっくり下げていきます。耳たぶのあたりで下げる動作をストップして再び挙上していきます。
最大筋力の50％で15回行い、1分休息後6へ移ります。

N メソッド　鍛練

■ Medicine Ball Overhead Throw ／ メディスンボール・オーバー・ヘッド・スロー

膝をついて、メディスンボールを胸の前に持ちます。その姿勢から台上のパートナーに向けてメディスンボールを斜め上方へ押し出します。10回行った後、3分間休息し、5に戻ります。5と6をセットにして3セット実施して下さい。

PROGRAM 8-A

Interval Training 2-A
インターバルトレーニング 2-A

このプログラムも前回のプログラム同様に、最大努力に近い運動の間に不完全休息の運動を挟んで行う運動です。身体にかなりのストレスを与え、ミドルパワー、ハイパワーの向上を高めてくれます。前回と同じく（A）（B）に分割してあるので、各々を週1回づつ実施してください。

■ High Clean ／ ハイクリーン

空手は下肢→体幹→上肢の運動を利用して、爆発的な筋力を発揮することによって競技力が向上します。ハイクリーンは、この競技力向上のために欠かせない種目です。ウオームアップ後、最大筋力の70％で15回行います。休息を取らずに2へ移ります。

ハイクリーンのトレーニング方法は、111ページをもう一度熟読し、取り組んで下さい。

空手は下肢→体幹→上肢……休息を取らずに次のニーアップ＆ツィストへ移ります。

■ Knee Up & Twist ／ ニーアップ＆ツィスト

両足を肩幅に拡げ、ジャンプしながら、右脚を上げ、そのまま横に開き、再び閉じて、元の両足着地に戻り、これを左右交互に繰り返します。1セット目は5分間、2セット目は3分間、3セット目は2分間行います。

ハイクリーンとセットに組み、セット間の休息は15分取ります。

PROGRAM 8-B

Interval Training 2-B
インターバルトレーニング 2-B

前回までで、インターバルトレーニングのポイントは理解いただけたと思います。最大努力に近い運動の間に不完全休息の運動を挟んで行うことにより、パワーの面で今までの自分とは違う自分を創り出していることが自覚できるようになってきたと思います。

■ Bench Press ／ ベンチプレス → Bent Over Low ／ ベントオバーロウ

ベンチプレスの方法は十分に理解していると思います。ここでは、最大筋力の90%で3回行い、休息を入れずにベントオバーロウに移行します。

⬇

ベントオバーロウの方法は、109ページをもう一度よく読んで下さい。
ベントオバーロウは最大筋力の80%で5回行い、休息を入れずに次のロングシッテイングチェストパスに移行します。

■ Long Sitting Chest Pass ／ ロングシッティングテストパス

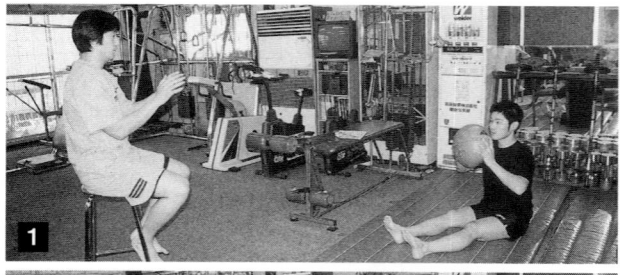

両脚を前に出して座り、開きます。
胸の前にボールを持ってパートナーに向けて押し出します。
10回行い、5分休息後、ベンチプレスに戻ります。
ここまでの3種目をセットにして3セット実施して下さい。

■ Jumping & Dip ／ジャンピング&ディップ

ディッピングバーの前に立ち、膝を曲げてジャンプする力を利用して腕を伸ばします。ゆっくり腕を曲げながら、足が接地した瞬間に再びジャンプして腕を伸ばします。6〜8回繰り返し、休息を入れずに次に移行します。

■ Jumping & Parallel Grip Chinning ／ジャンピング&パラレルグリップチンニング

チンニングバーの前に立ち、膝を曲げてジャンプして、バーにつかまり勢いを利用して、腕を曲げます。ゆっくり腕を伸ばして、手を離し、足が着地した瞬間にジャンプします。
6〜8回繰り返し、休息を入れずに次に移行します。

■ Medicin Ball Overhead Throw & Hand Touch ／メディスンボールオーバーヘッドスロー&ハンドタッチ

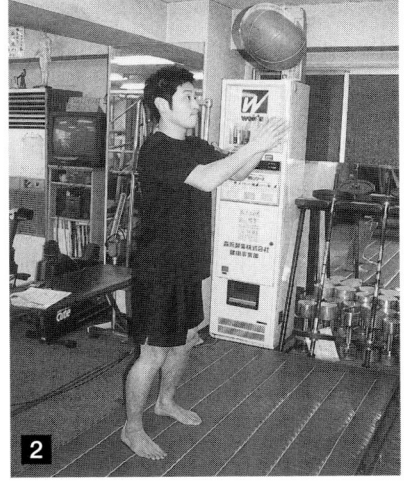

足を少し開いて立ち、ボールを真上に投げ、落下してくるまでに1〜2回拍手してボールを受け止めます。10回行い、5分休息後4に戻ります。このページの3種目をセットにして3セット実施して下さい。

PROGRAM 9-A

Interval Training 3-A
インターバルトレーニング　3-A

　プログラム7、8同様に、最大努力に近い運動の間に不完全休息の運動を挟んで行う運動です。これは、身体にかなり強いストレスを与えることになります。ミドルパワー、ハイパワーの向上が狙いです。この苦しさを乗り越えることが、スーパーパワートレーニングの醍醐味といえます。前回と同じく(A)(B)に分割してあるので、各々を週1回づつ実施してください。

■ High Clean ／ ハイクリーン

プログラム8-Aにも説明しましたが、空手は下肢→体幹→上肢の運動を利用して、爆発的な筋力を発揮することで競技力が向上します。ハイクリーンはこのためのパワーを作るのになくてはならない種目です。単純な動きですが、いい加減に行わず、身体のどの部分に負荷がかかっているのかを十分体感しながら丹念に行って下さい。
ウオームアップ後、最大筋力の90％で3回行い休息を取らずに次のニーアップ＆クロスステップへ移ります。

■ Knee Up & Cross Step ／ ニーアップ＆クロスステップ

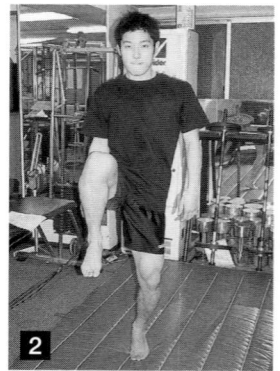

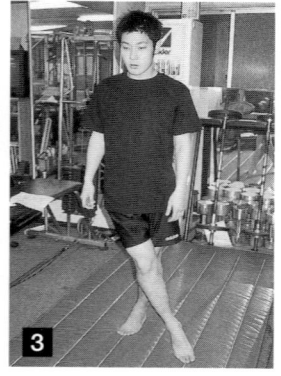

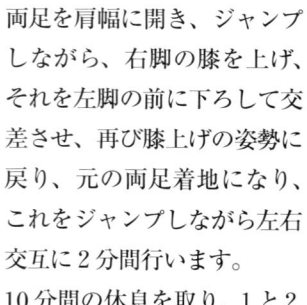

両足を肩幅に開き、ジャンプしながら、右脚の膝を上げ、それを左脚の前に下ろして交差させ、再び膝上げの姿勢に戻り、元の両足着地になり、これをジャンプしながら左右交互に2分間行います。
10分間の休息を取り、1と2をセットにして4セット行って下さい。

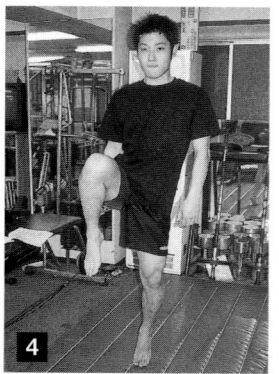

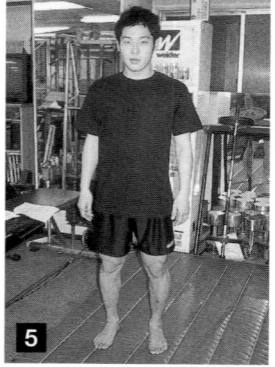

PROGRAM 9-B

Interval Training 3-B
インターバルトレーニング 3-B

インターバルトレーニングの最後の種目となります。これまでにミドルパワー、ハイパワーの向上が実感できていると思います。これまでに培ったパワーを活かしながら、スーパーパワートレーニングの締めくくりを行います。

ここまでの努力を弛まず続けてきたあなたは、大きな自信をつけているでしょう。空手の競技が、がぜん面白くなってくるのを感じていると思います。

■ Bench Press ／ ベンチプレス

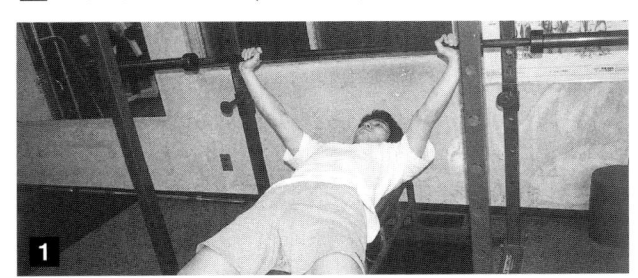

最大筋力の90％で3回行い、3分間休息をしてジャンピングプッシュオフに移行します。

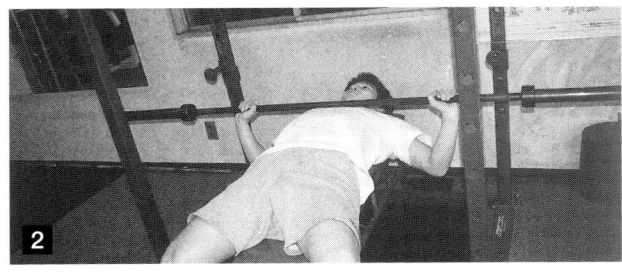

■ Jumping Push Off ／ ジャンピングプッシュオフ

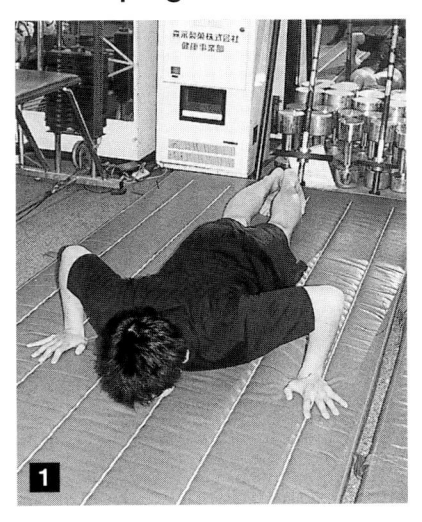

腕立ての姿勢から両肘を深く曲げ、両手と両足でタイミングを合わせて、同時に床を突き離して身体を上にはねあげる。5回繰り返し、5分休息後、ベンチプレスへ戻ります。ベンチプレスをセットして、3セット行います。

Nメソッド 鍛練

■ Weighted Situp ／ ウェイテッドシットアップ

足をアドミナルボードに固定して、膝を十分に曲げます。両手で頭の後に10kg〜15kgのプレートを持ちます。息を吸いながら、身を丸めて起きてきます。降ろす時は、息を吐きながら、腰→肩甲骨の下という順序でボードに触れていきます。5回繰り返し、3分間休息し、次に移ります。

■ Medicine Ball V Sit Up Throw ／ メディスンボールV字シットアップスロウ

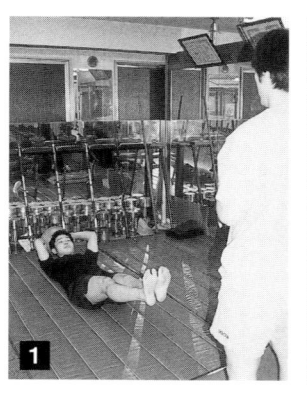

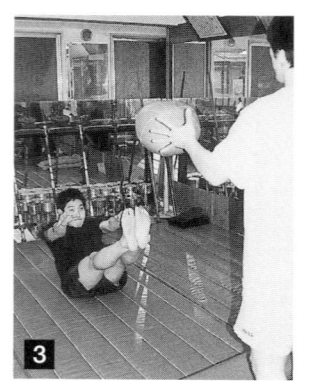

メディスンボールを手に持ち、腕と脚を同時に挙げながらパートナーにボールを投げます。
V字をキープしてボールを受け取り、元の姿勢に戻ります。10回繰り返し、5分間休息後、ウェイテッドシットアップに戻ります。この2つをセットにして2セット行います。

■ Seated Low Pulley Rowing ／ シーテッドロープリーロウ

バーをパラレルグリップで握り、腰を降ろして、足を固定します。肩甲骨を背中の中央に寄せながら、腕を脇に引きつけていきます。臍まで引きつけたら、ゆっくり腕を伸ばしながら、肩甲骨を背中の中央から離していきます。最大筋力の80％で6回行い、3分間休息して次に移ります。

■ Long Sitting Backward Throw ／ ロングシッティングバックワードスロウ

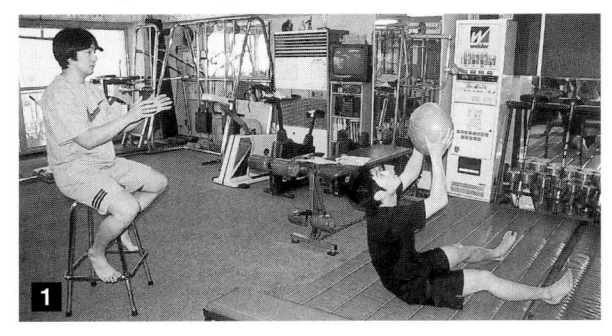

脚を伸ばして開いた姿勢で座ります。腕を伸ばしてメディスンボールを持ち、後へ上体を反らして投げます。パートナーは伸ばしている手に投げ返します。10回繰り返し5分休息後シーテッドロープリーロウへ戻ります。

この2つをセットにして2セット行います。

Nメソッド 鍛練

Chapter 3
Total Balance Training

トータルバランストレーニング

　トータルバランストレーニングとは、体幹部、下肢、上肢の可動性・安定性を向上させる目的でプログラムされています。トレーニング・プログラムは、あなたの潜在能力を完全に引き出すために必要な9つのプログラムから構成されています。

　1つのプログラムはAとBに2分割されていますので、各々を週一回づつ、3ヶ月続けて下さい。

　3ヶ月続けたら、1週間の休養を取って、次のプログラムへ進んで下さい。9つのプログラムが終了するまで約2年3ヶ月かかります。

　小野裕之は手紙の中で『「出合いは、夢の種となり、努力が夢の花となる」という言葉を自分の人生の魂として正直に生きたい』と書いています。

　あなたは、レジスタンストレーニングという山を越え、スーパーパワートレーニングという川を渡り、今、トータルバランストレーニングという海に出合いました。この出合いがあなたの夢の種となり、あなたの努力が夢の花となることを私は願っています。

PROGRAM 1-A

Increasing Flexibility
柔軟性を高める

運動を実行する立場から身体の柔軟性を考える場合、関節の動く範囲に目が向けられます。
関節のまわりの筋力を用いて動かすことの出来る範囲を拡げることは最高のパフォーマンスと傷害に対する保証となります。腕や脚の動きを利用する柔軟性のトレーニングを最初に勧めるのはこの理由のためです。

■ Lying Leg Hip Flection ／ ライイングレッグヒップフレクション

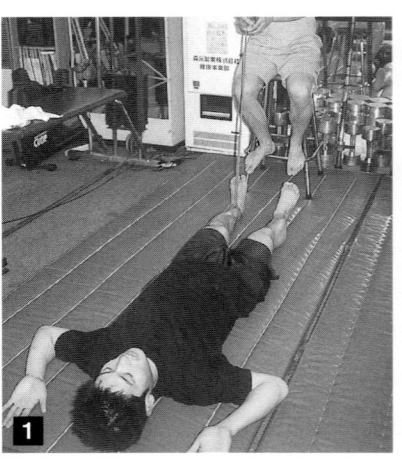

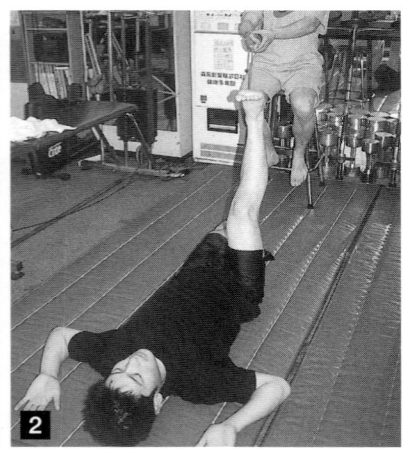

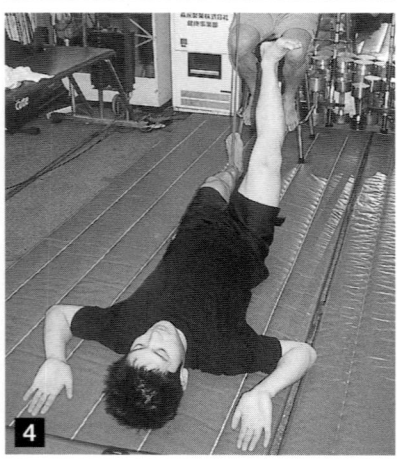

仰向けに寝て、腕を横に開き、90度に曲げ、手のひらを上にして床につけます。左足にはケーブル（チューブでも可）のストラップをつけ、負荷に逆らって床にかかとを押してつけます。右足をゆっくり上げていきますが、常に足の母指がまっすぐ向いているかチェックします。10回行ったら、足を交換して、右足にケーブルのストラップをつけて同じ方法で行います。

2セット目は、股関節から内に廻し、足の母指を内に向け、この状態をキープして行って下さい。

3セット目は、股関節から外に廻し、足の母指を外に向け、この状態をキープして行って下さい。

■ Lying Hip Adduction ／ライイングヒップアダクション

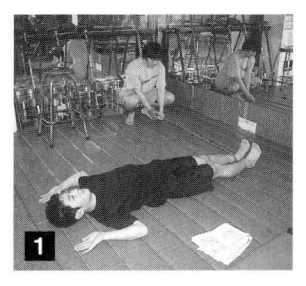

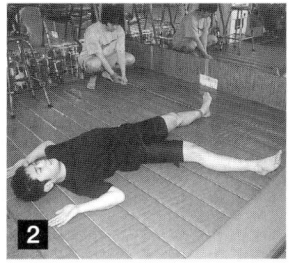

ライイング・レッグ・ピップフレクションと同じ姿勢になりますが、左足につけるケーブルは横から掛け、負荷に対して外に開かれないように、かかとを床につけたまま抵抗して下さい。

右足はゆっくり外へ開いていきますが、常に足の母指がまっすぐ上を向いているかチェックして下さい。
ライイング・レッグ・ピップフレクションと同じ方法で3セット行います。

■ Lying Trunk Rotation ／ライイングトランクローテーション

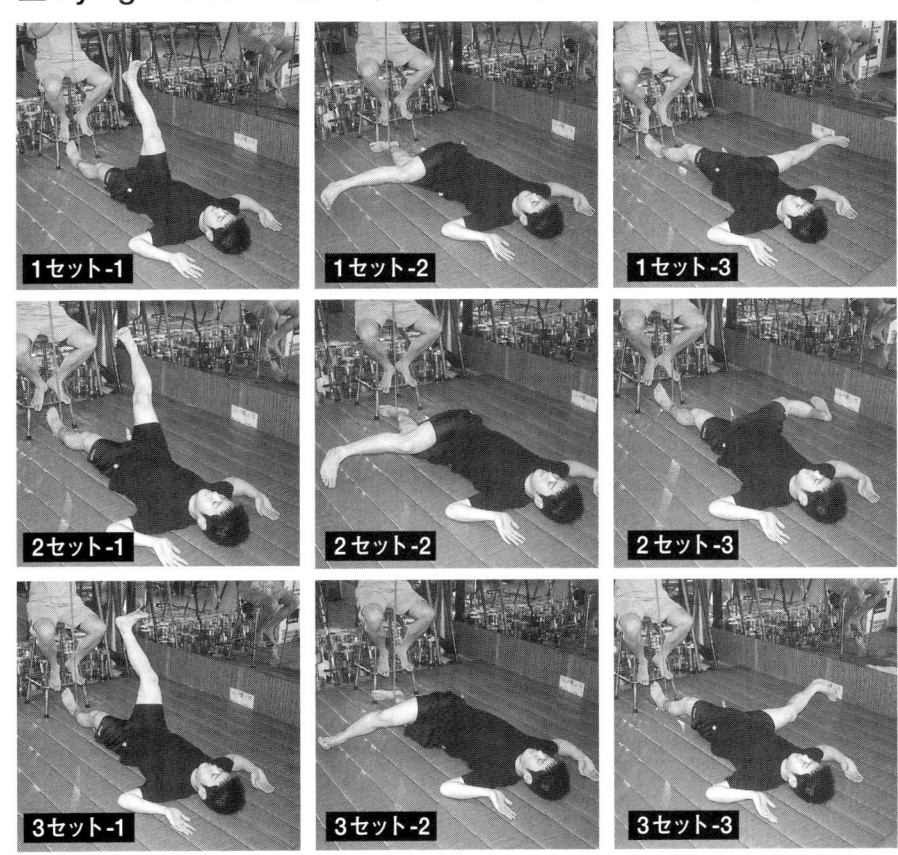

ライイング・レッグ・ピップフレクションと同じ要領で、右足を上げて90度にキープします。右足をゆっくり反対側に向けて倒していきますが、母指がまっすぐ上を向いているかチェックします。内くるぶしが床に触れたら、そのまま軌道を戻って、同側へ外くるぶしが床に触れるまで倒していきます。この間、あなたの手が床から離れないようにして下さい。

ライイング・レッグ・ピップフレクションと同じ方法で3セットを行いますが、次の点に注意して下さい。2セット目は、床にかかとの外側と、足の母指しか触れないようにして下さい。3セット目は、床にかかとの内側と足の小指しか触れないようにして下さい。

Chapter 3　Total Balance

■ Lying Hip Rotation／ライイングヒップローテーション

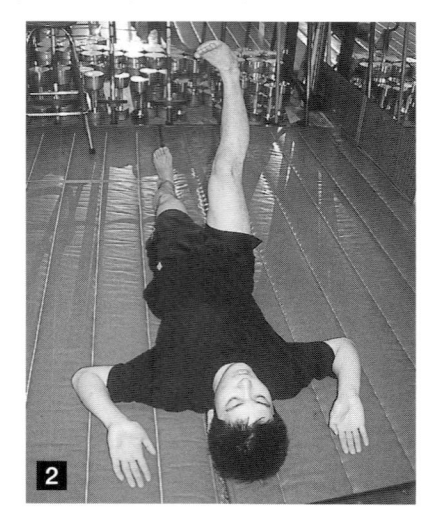

これまでと同じ姿勢になりますが、左足につけるケーブルは横からかけ、負荷に対して内に引かれないようにかかとを床につけたまま抵抗して下さい。

右足を上げたまま10回外から内へ廻し、続けて外から内へ廻して下さい。左足も同様に行って下さい。

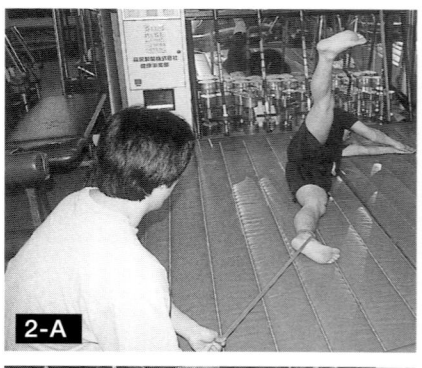

■ Side Lying Hip Abduction／サイドライイング・ヒップアブダクション

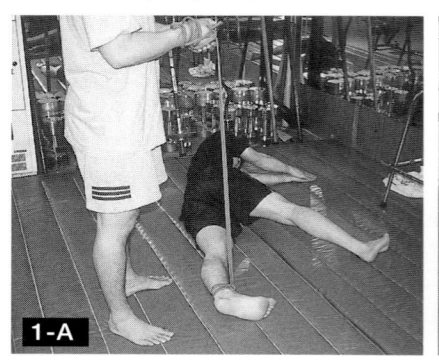

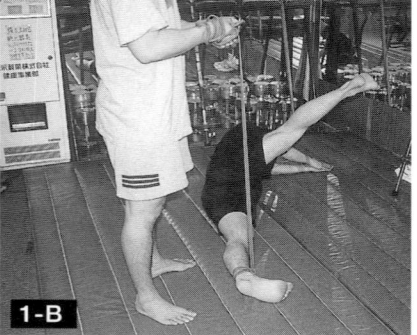

横向きにねて、手を合わせて、身体と直角に置きます。

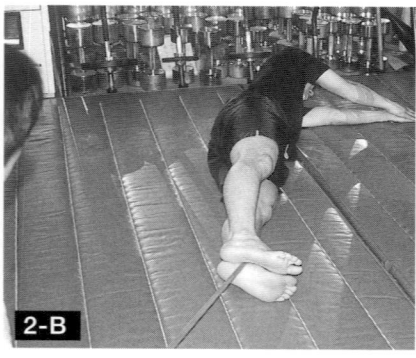

左足にケーブルをかけ、上に浮きそうになる抵抗に対して、床に押します。

右足を前に置き10回、横に置き10回、後に置いて10回開きます。左足も同様に行って下さい。

■ Prone Lying Hip Extension／プローンライイングヒップエクステンション

うつぶせに寝て、腕を1と同じように開き、手のひらを下にして床につけます。左足にケーブルをつけ、足が床から離れないようにつま先をつけたまま負荷に抵抗します。顔を右側に向け、右足の母指をまっすぐにしたまま、10回反復します。
ライイング・レッグヒップフレクションと同じ方法で3セット行って下さい。

N メソッド　鍛練

PROGRAM 1-B

Increasing the Mobility of the Scapular
肩甲骨の可動性を高める

　肩甲骨の柔軟性を高め、その動きを安定させることは空手競技にとって大変重要なことです。このプログラム 1-B では色々な角度からホフリングエクササイズを行うことで十分な効果を引き出します。

■ Front Back Touch ／ フロントバックタッチ

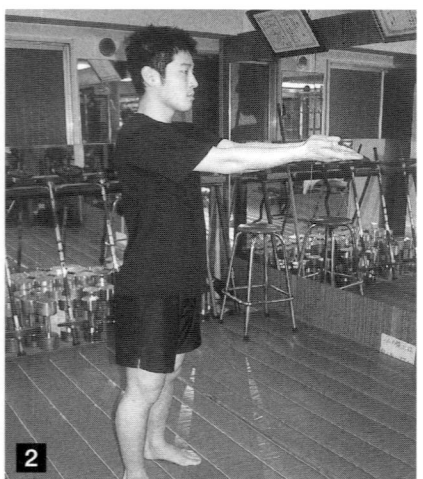

手を身体の後で合わせる状態から始めます。
次に身体の前に両腕をまわしながら持って来て、小指側を合わせます。
再び、身体の後で合わせ、次に両腕をまわしながら、身体の前にもって来て、手の甲を合わせます。交互に 20 回繰り返します。

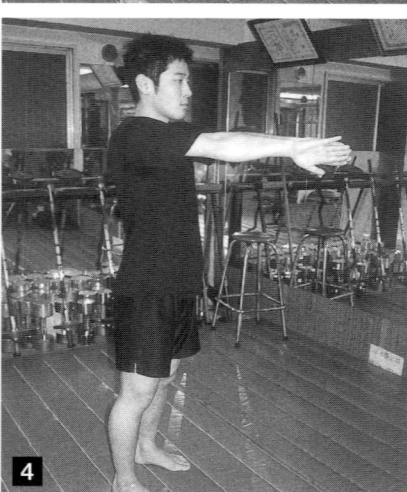

Chapter 3　トータルバランス

130　　Chapter 3　Total Balance

Nメソッド 鍛練

■ Front Back Touch & Up ／ フロントバックタッチ&アップ

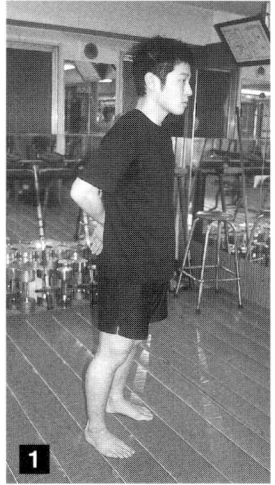

フロントバックタッチと同様に動かす途中で、身体の前で合わせた手を頭上まで持っていきます。20回繰り返します。

■ Shoulder Rotation ／ショルダーローテーション

1セット目は、小指からできるだけ大きく外廻しに廻します。
2セット目は、同じ要領で内廻しに廻します。
3セット目は、前から後へ廻します。
4セット目は、後から前へ廻します。
各セットゆっくり10回、早く20回行います。

Chapter 3 Total Balance

■ Trunk Rotation & Shoulder Rotation ／トランクローティション＆ショルダーローテーション

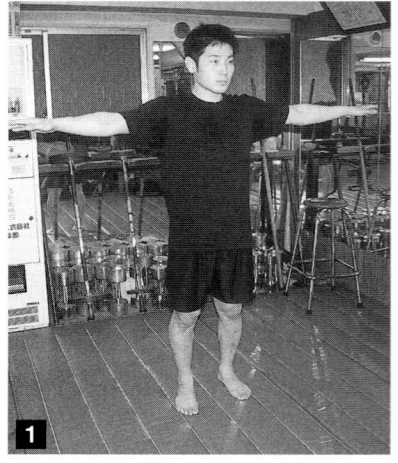

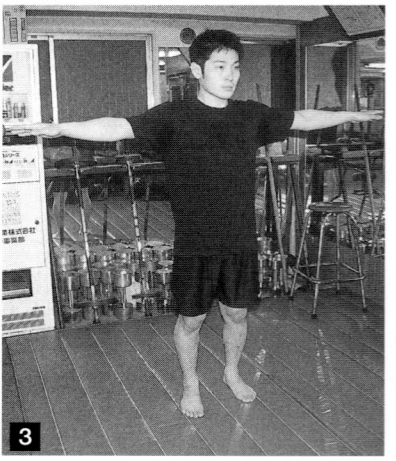

手のひらを上にして両腕を水平に上げ、つま先を正面に向けたまま、腰幅で立ちます。身体を右側へ廻し、左手を曲げます。

右手は内へひねり、それから外へひねり元の位置に戻します。身体も正面に戻り、反対側も同様に行います。

ゆっくり10回、早く20回繰り返します。

■ Shoulder Shrug ／ショルダーシュラグ

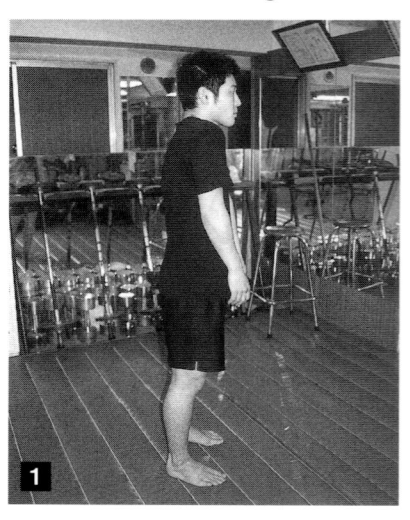

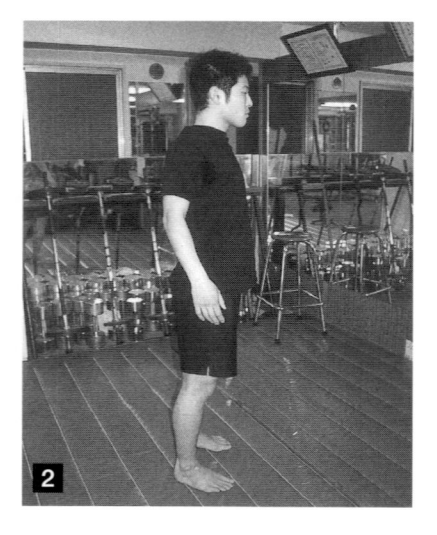

肩が耳に触れる様に上げながら後から前へ、前から後に上げます。

1往復で1回として20回繰り返します。

■ Scapular Abduction & Adduction ／ スカプラアブダクション&アダクション

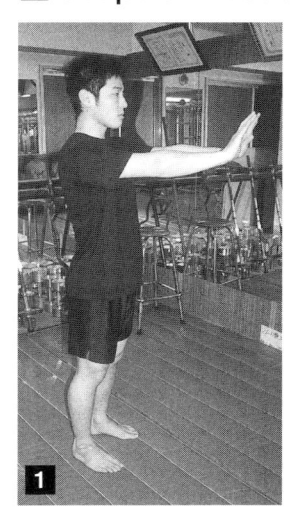

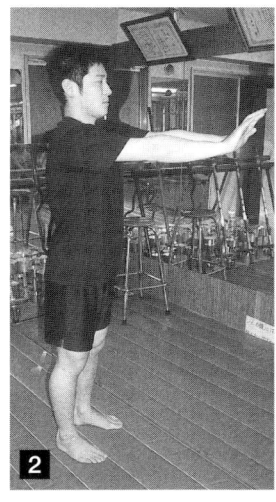

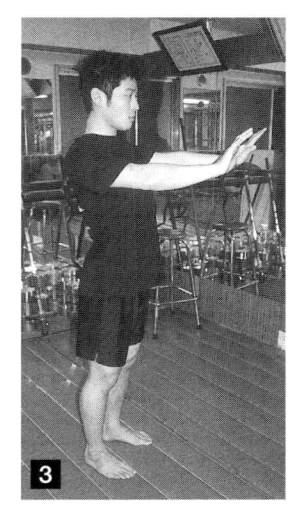

腕を90度に上げ、前方へ肩甲骨を押し出し、次に後方へ引き出す。

■ Shoulder Depression ／ ショルダー・ディプレッション

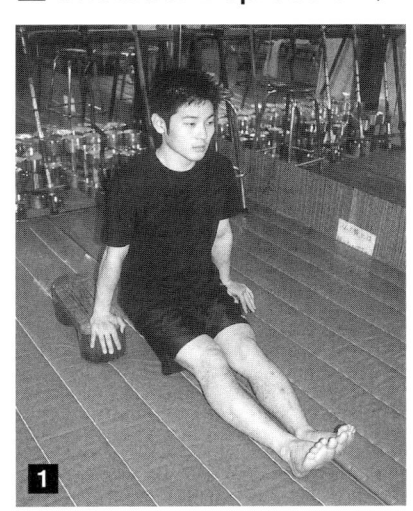

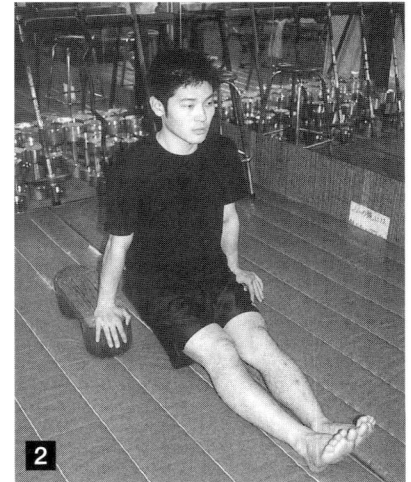

足を前に投げ出し、両手を台の上に置きます。
そのまま、ゆっくり台を下へ押し、台から身体を上げます。
20回行います。

■ Screw Press ／ スクリュープレス

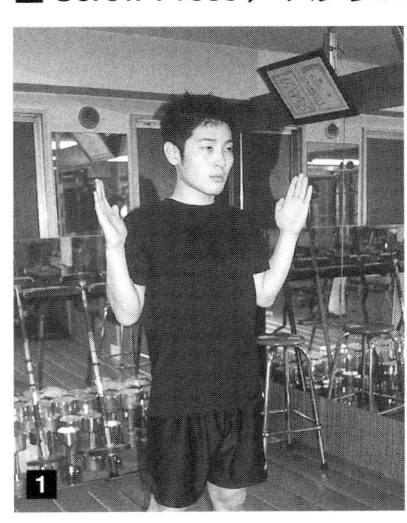

手の平を身体側に向け、脇につけるように立ちます。
手の平を外に向けながら、肘を伸ばしていきます。
左右1回として20回行います。

Nメソッド　鍛練

PROGRAM 2-A

Balance Control Ability
バランスコントロール能力

空手に限らず一流のアスリートたちは、バランスコントロールに高い能力を持っています。この能力を身に付けることで、効率よく動くことが出来、最大限のパフォーマンスを引き出せるのです。
この能力を向上させるために、このプログラムの種目は、すべて片脚で行います。

■ Internal Leg Swing ／インターナルレッグスウィング

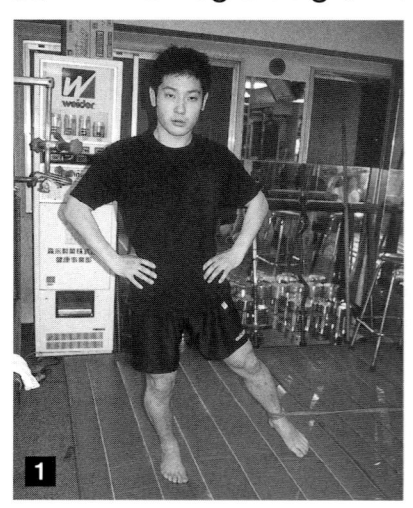

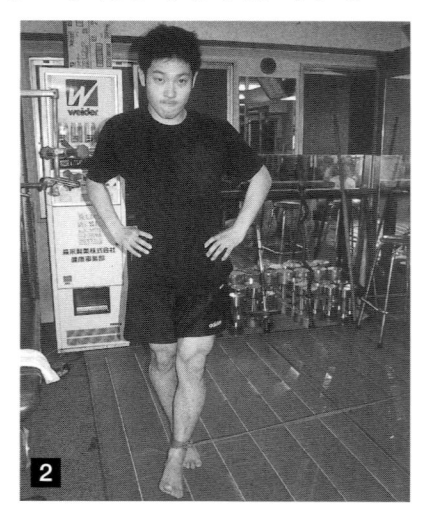

手を腰に当てケーブル（すべての種目はチューブでも可）をつけた足を内へ閉じていきながら、支持脚をつま先立ちにしていきます。外へ開く時に、踵をつけます。
左右交互に20回2セットづつ行います。

■ External Leg Swing ／エクスターナルレッグスウィング

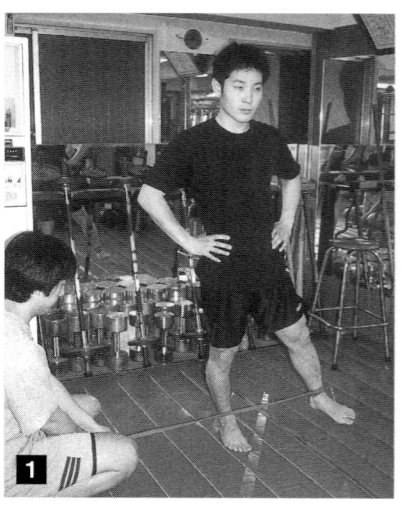

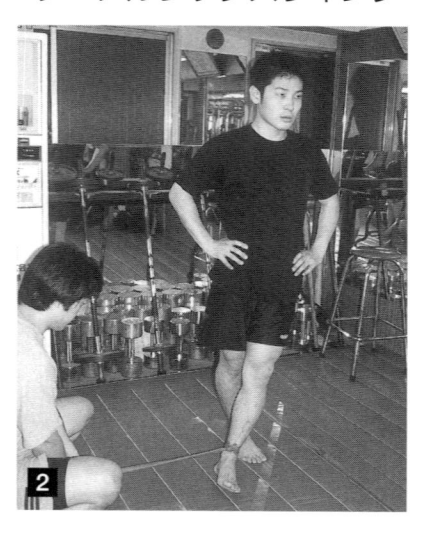

インターナルレッグスウィングと同じ方法で行いますが、今度は外に引く時に、支持脚をつま先立ちにし、内へ戻す時に踵をつけます。
左右交互に20回2セットづつ行います。

■ Front Leg Swing ／フロントレッグスウィング

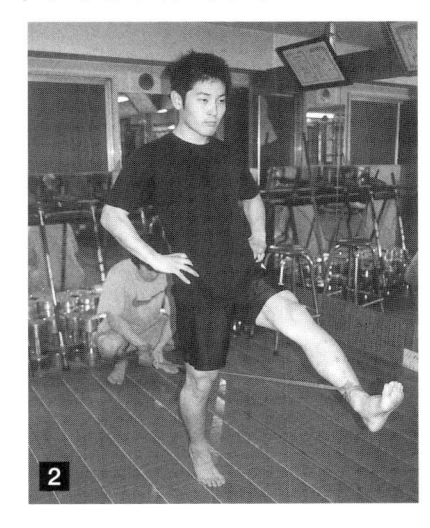

腰に手をあて、足を前に上げながら、踵を浮かせる。
足を上げる時、上半身を前に曲げないようにして30度〜45度まで上げます。
左右交互に20回2セットづつ行います。

■ Back Leg Swing ／バックレッグスウィング

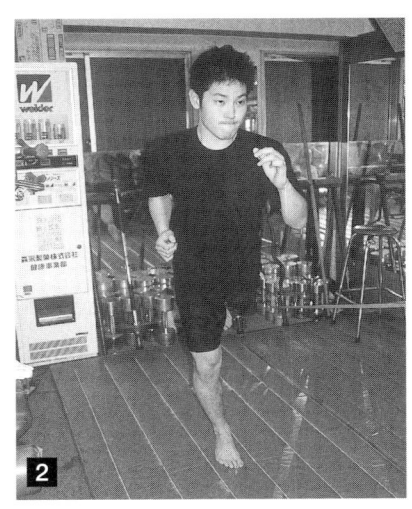

両手をフリーにして自然に振ります。
ハムストリングに重点を置くのではなく、下背部に意識をより集中し、動きの中で大臀筋から脊柱起立筋にかけてトレーニングします。後へ引きながら踵を浮かし、元に戻す時につけます。
左右交互に20回2セットづつ行います。

■ Straight Leg Down ／ストレイトレッグダウン

90度から足をふり降ろしますが、イメージは踵から降ろす感覚です。支持脚は、1回づつスキップしますが、場所をずらさない様にします。両手には1kg前後のおもりを持って、腕をしっかりふります。
左右交互に20回2セットづつ行って下さい。

■ Leg Rotation ／レッグローティション

足を引きながら、支持脚の母指球に重心をのせ、つま先立ちになります。直線的になりがちな動作を回転させるイメージでトレーニングして下さい。左右交互に20回2セット行ったら、身体の向きを逆にして、逆回転動作を行って下さい。

左右交互に20回2セットです。

PROGRAM 2-B

The Development of Balanced Muscular Strength
バランスの取れた筋力の発達

　このプログラムでは、筋力がバランスよく発達することの重要性を知ってもらいます。空手競技において、バランスが悪いと自分の技の癖が相手に簡単に見破られてしまいます。
　両腕にダンベルを持って行うことで身体の筋力がバランスよく発達しているかが簡単に確認できます。

■ Single Hand Straight Pull Down ／ シングルハンドストレートプルダウン

肩が耳に触れる様に上げながら後から前へ、前から後に上げます。1往復で1回として20回繰り返します。

■ Front Chinning ／ フロントチンニング（バイブレーションメソッド）

協働筋に大きな刺激を与えるために、チンニングで身体を持ち上げる時、下げる時にベルトをつかんで左右にゆすります。
2分間休息しながら3セット行って下さい。

■ Back Extension & Dumbbell Row ／バックエクステンション&ダンベルロウ

パットに足をかけ、下腹部をシートに乗せ、上半身を出してダンベルを両手に下げます。上半身をゆっくり降ろしていき、ダンベルが床に触れたら、肩甲骨を背中の中央に寄せながら、上半身を起こしていき、ダンベルを両脇に引きつけます。
10回行ったら休息を取らずに次に移ります。

■ Sit Up & Dumbbell French Press ／シットアップ&ダンベルフレンチプレス

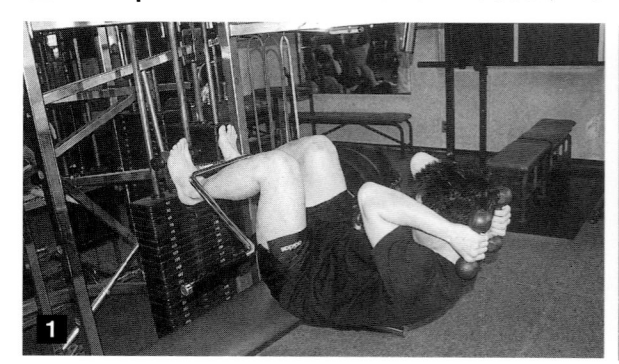

バーを足にかけ、フラットベンチから上半身を出します。耳の横にダンベルを持ち、上半身をゆっくり起こしながら、ダンベルを持った腕を伸ばしていきます。肘が伸びきった後、腕を曲げながら上半身を降ろしていきます。

10回行ったら、1分間休息を取り前に戻ります。
この二つをスーパーセットに組み、3セット行って下さい。

PROGRAM 3-A

Balanced Leg Power
バランスのよい脚力

　バランスコントロールの向上を狙い、ここでもトレーニングはすべて片脚で行います。特にシングルレッグスクワットでは大きな負荷をかけて行うため左右の脚の筋力が明確となります。
　自分の身体のバランスが解れば自ずとトレーニングの方向性が見えてきます。バランスの取れた身体を目指して努力を積み上げましょう。

■ Single Leg Squat ／シングルレッグスクワット

自分の体重の30〜80％の負荷を肩に保持します。前脚に負荷がかかるように、後脚を台にのせ、胸を張り、前足に体重をかけながらしゃがみます。上半身を立てて、重心を真下に降ろし、身体をコントロールしながら、前足の母指球を意識して、膝を伸ばします。
左右交互20回3セットづつ行って下さい。

■ Side Lying Hip Abduction（Elbow Position）／サイドライイングヒップアブダクション（エルボーポジション）

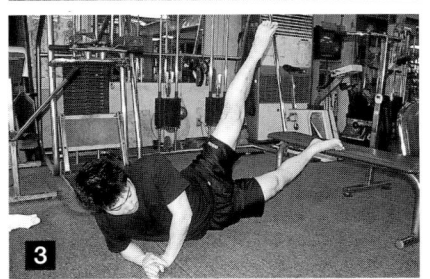

左足を台の上にのせ、床に肘をつきます。
1セット目は身体を拳上し、降ろし左足を開き20回繰り返し、反対足を行います。
2セット目は、身体を拳上し、足を開き、足を閉じ、身体を降ろします。

Nメソッド 鍛練

■ Side Lying Hip Adduction（Elbow Position）／サイドライイングヒップアダクション（エルボーポジション）

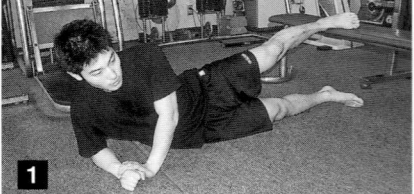

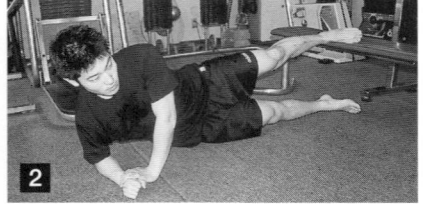

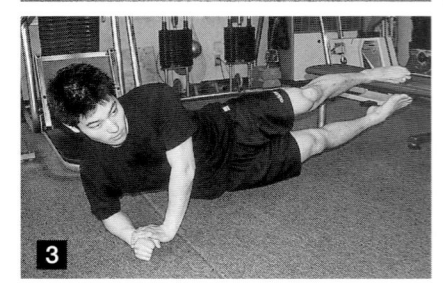

左足を台の上にのせ、床に肘をつきます。

身体を拳上しこの状態を保ちます。右足を閉じていき、最終位置で足を回転する。

左右交互に20回づつ2セット行います。

PROGRAM 3-B

Balanced Right and Left Movement
左右が同じ動きをしているか

腕・肩の左右のバランスを考えてトレーニングをします。自分の腕・肘・肩の位置を常に意識しながら常に平行になるようにします。左右の腕を交互に鍛えるときにはその反対の腕がどの位置にあるのかが解っていないと微妙なバランス感覚は身に付かないので注意しましょう。

■ One Hand Scapula Adduction ／ワンハンドスカプラアダクション

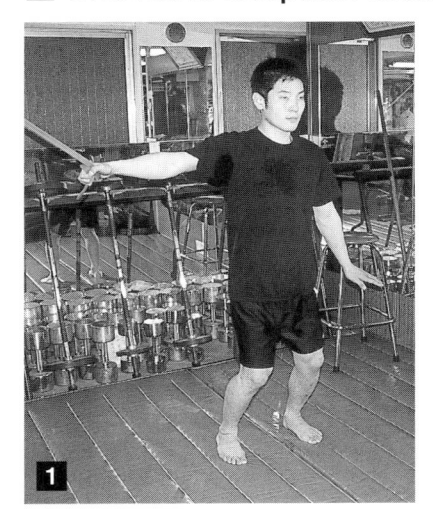

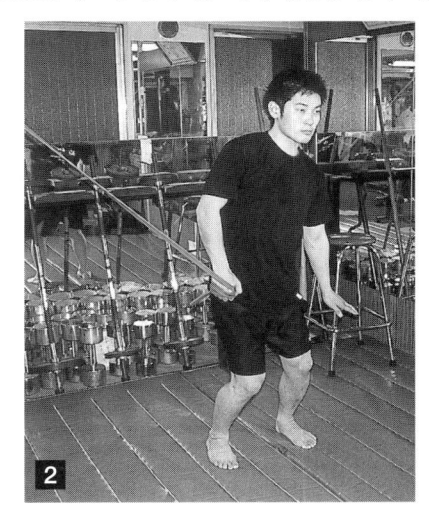

プーリーの横に立ち、膝と股関節を軽く曲げる。右手でケーブルを持ち、左手は伸ばして、手の平を床と平行に向けます。
ケーブルを体側に引きながら、反対の腕を伸ばします。
20回できるウェストで左右交互に2セット行って下さい。

■ Front Leg Swing ／フロントレッグスウィング

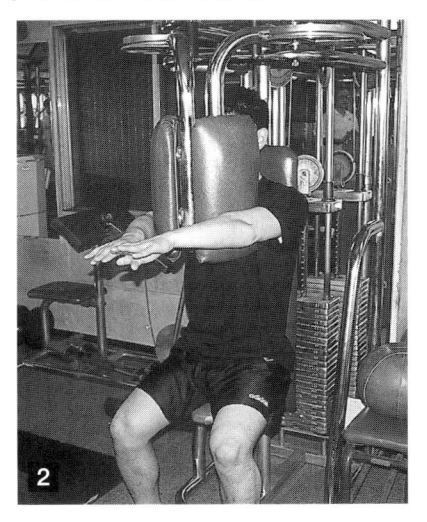

背もたれに背中をしっかりつけ、肩を水平にして、手の平を下にして座ります。胸を張りながら、肘を中央部へ合わせます。両母指側が触れたら、ゆっくり元の位置に戻していきます。
10回行ったら、休息を入れずに次に移ります。

■ Vertical Deck Rear Raise ／バーティカルデッキリアーレイズ

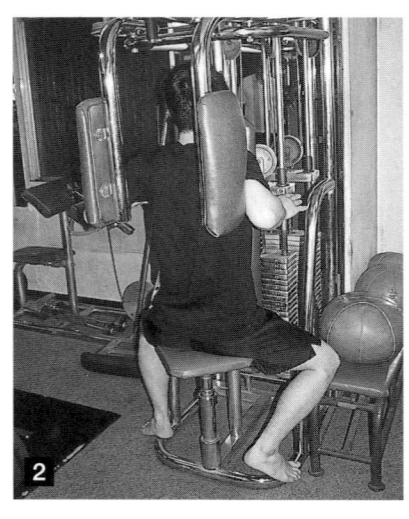

背もたれに胸をつけ、肩を水平にして肘を曲げてパットに置きます。肘でパットを押しながら、肩甲骨を寄せていきます。
ゆっくり元の位置に戻していきます。
10回行ったら、1分間休息してフロントレッグスウィングに戻ります。
この二つをスーパーセットに組み、3セット行って下さい。

■ One Hand Cable Curl & Pull Down ／ワンハンドケーブルカール＆プルダウン

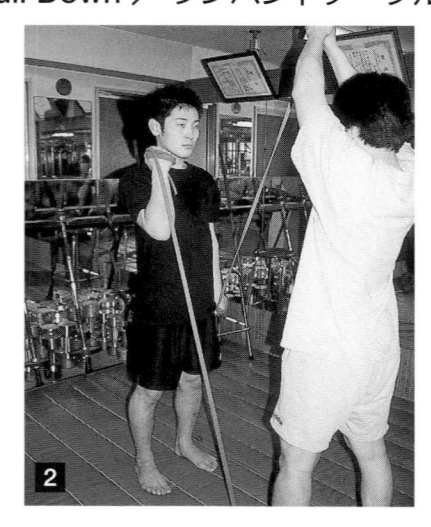

右手でケーブルを持ち、カールを行い、同時に左手でプルダウンを行います。
10回続けたら、左右を交換して2セット目を行います。

PROGRAM 4-A

Improving Kicking Technique
蹴り技に違いを創る

空手競技では、いくら優位に試合を運んでいても、バランスの悪い蹴り技を放った瞬間に形勢が逆転してしまいます。蹴り技の苦手な選手が不用意に出した蹴りの結果、あっという間に勝敗がついてしまうということはよくみられる光景です。蹴りのバランスを意識したトレーニングが重要です。

■ Squat with Your Eyes Shut ／ 閉眼立ちスクワット

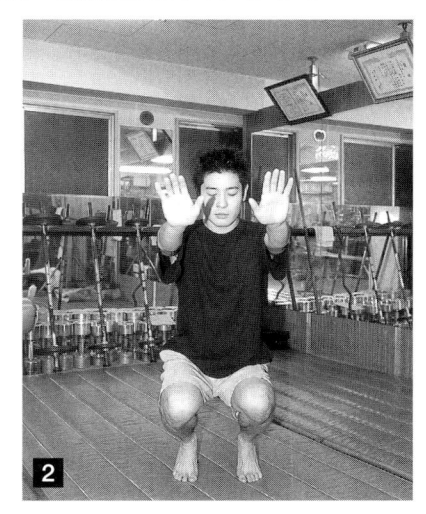

両足を肩幅に開いて立ち、両手を肩の高さに上げ、かかとを床から離します。
眼を閉じて、両手を前に保持したまま、フルスクワットを行います。
5～10回3セット。

■ Single Leg Side Bend A ／ シングルレッグサイドベントA

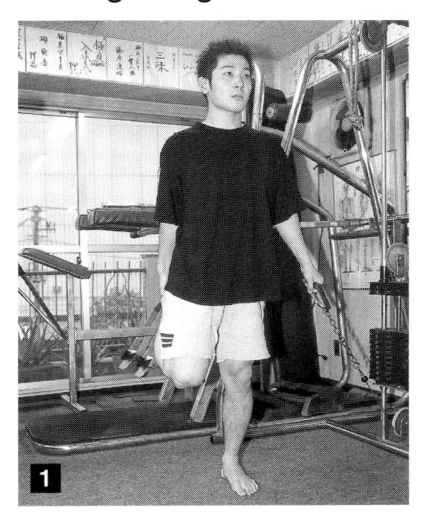

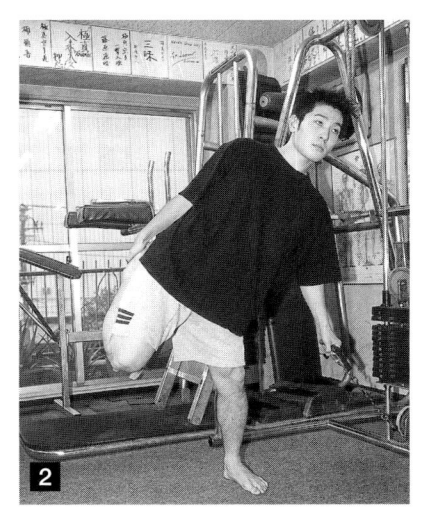

片手にケーブルを持ち、片手で足首を持って踵を臀部に引きつけます。ケーブルを持った手側へ身体を傾けます。バランスが取れる限界まで傾けたら、反対側に傾けます。
20回行ったら、向きを変えて手を交換します。

Nメソッド　鍛練

■ Single Leg Side Bend B ／ シングルレッグサイドベントB

片手にケーブルを持ち、片手で膝をかかえ込み胸に引きつけます。
ケーブルを持った手側へ身体を傾けます。バランスが取れる限界まで傾けたら、反対側へ傾けます。
20回行ったら手を交換して下さい。

■ Side Lying Leg Swing ／ サイドライイングレッグスウィング

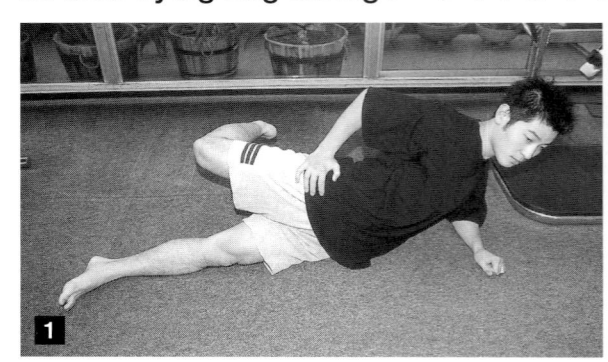

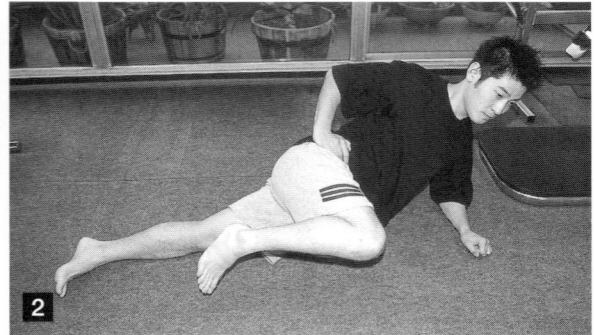

側臥位で身体を安定させ、上側の脚の膝を曲げたまま、前後へスウィングします。
左右2セットづつを1セットとして2セット行います。

PROGRAM 4-B

Balanced Arm Strength
バランスの取れた腕力

　空手の競技においては、左右の腕から繰り出される突き技のバランスが悪いと、構えが簡単に崩されてしまいます。さらに、時間の経過と共にそのバランスの悪さは顕著に現れてきます。
　腕の持続力と瞬発力を左右バランスを崩すことなく作り上げましょう。

■ Squatting Push Up ／スクワッティングプッシュアップ

しゃがんで床に手をつき、その姿勢から膝を伸ばし、体重を両腕に移す。

20回3セット。

■ Single Arm Parafly ／シングルアームパラフライ

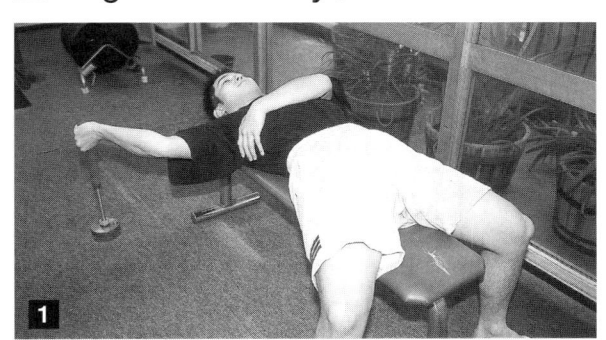

片手にレパジットバーを持ち、フラットベントに仰向けになります。手の平を上に向け、腕を斜め上に（少し肘を曲げて）伸ばします。腕を伸ばしながら、左側へ腰に向かって、手の平を返しながら上げます。バーを反対側の腰まで持ってきたら、ゆっくり元に位置に戻します。20回できるウェイトを使用して左右2セットづつ休息を取らずに行います。

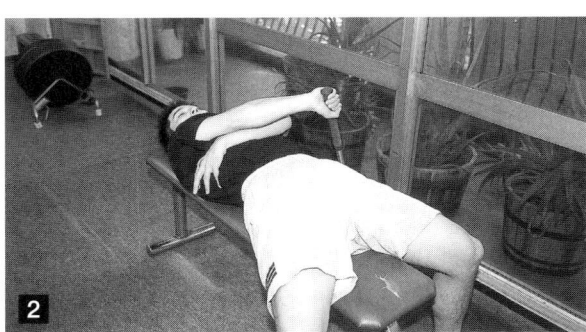

■ Rolling Row／ローリングロウ

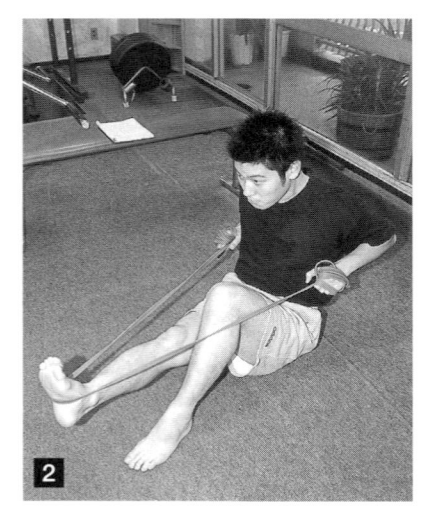

仰臥して、片方の足の裏にチューブをかけ、両手で持ち、反対側のひざを立てます。
足を降ろしながら、上体を後にそり、チューブを脇に引きつけます。
反動をつけないように注意して20回づつ左右交互に2セットづつ行います。

■ Single Dumbbell Front Raise／シングルダンベルフロントレイズ

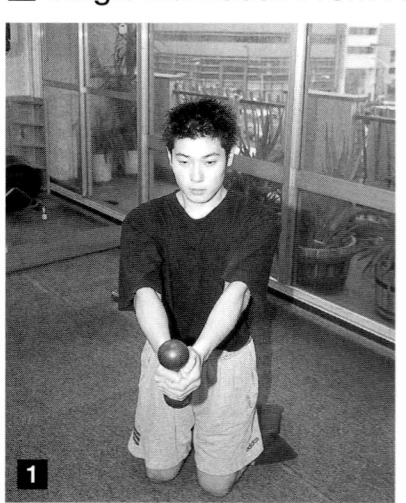

1〜6kgのダンベルを両手で持ち、クッションの上にのります。
顎を引いて腰がそらないようにして、ゆっくりダンベルを水平まで挙上し、3カウント止めて元の位置へ戻ります。
10回3セット、セット間1分の休息を取ります。

PROGRAM 5-A

Balanced Leg Power in Movement
動きの中での脚力バランス

空手では、単にバランスがよいというだけではなく、動きの中でバランス感覚が活かされることが重要です。特に蹴り技は動きの中でバランスを取ることが求められます。このプログラムでは、蹴り技を意識して種目を考えています。トレーニングもそのことに留意して行って下さい。

■ Single Leg Swing ／ シングルレッグスウィング

左手にダンベルを持ち、腕を伸ばして支持し、左脚で立ちます。右手にダンベルを持ち、肘を曲げたまま支持し、右脚を曲げます。左脚を曲げ、右足を後へ振り、右手を前に上げます。左脚を伸ばしながら、右脚と右肘をつけます。
10回交互に3セットづつ行う。セット間1分休息します。

■ Donkey Calf Raise ／ ドンキー・カーフレイズ

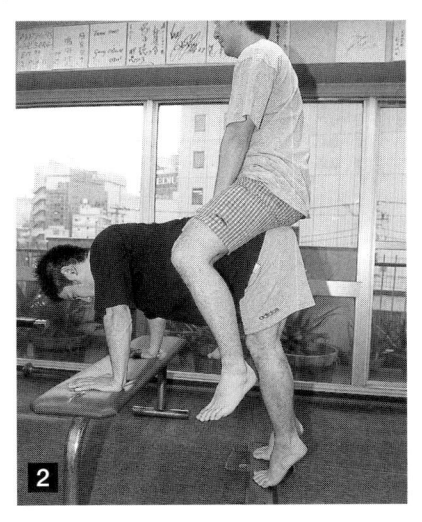

フラットベンチに両腕をつき、上半身をかがめ、カーフレイズボードにつまさきを置き、パートナーをのせます。
膝を伸ばし、足の母指球を中心に踵をゆっくり上下させます。
20回繰り返した後、休息を入れずに3に移ります。

■ Toe & Calf Raise ／ トゥ&カーフレイズ

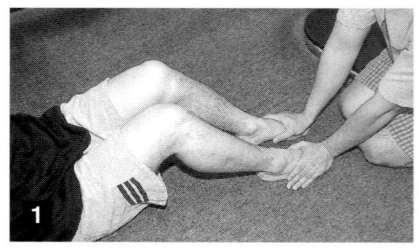

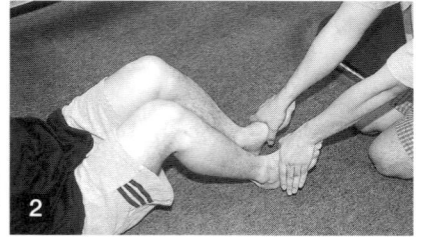

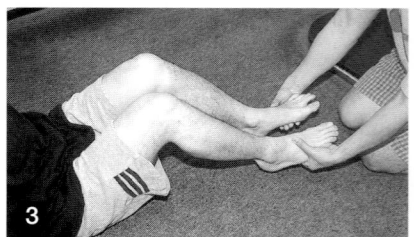

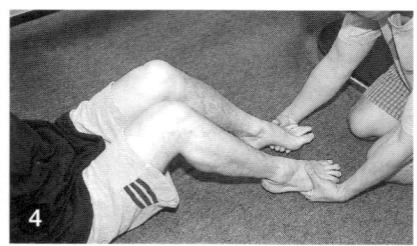

両膝を曲げて座り、パートナーが足をつかみます。パートナーの抵抗に対し、足首を起こし、次のパートナーの抵抗に対して、足を地面に押し、踵を上げます。20回繰り返した後、休息を入れずに4に移ります。

■ Side Step Jump ／ サイドステップジャンプ

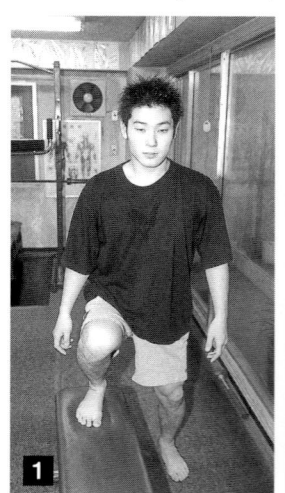

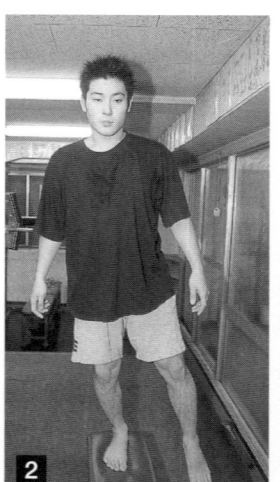

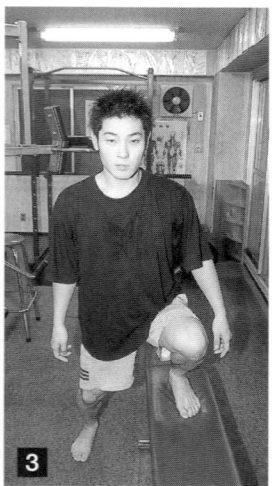

片足をフラットベンチにのせ、床にある足を蹴って横にステップします。
足をのせ換え、足が床につくと同時に反対側に蹴って横にステップします。
往復一回で20回繰り返し、2に戻ります。
ドンキー・カーフレイズからサイドステップジャンプまでをトライセットに組み3セット行います。

PROGRAM 5-B

Balanced Arm Power in Movement
動きの中での腕力バランス

前のプログラムでは、動きの中での脚力のバランス感覚を高めるトレーニングでしたが、ここでは。動きの中での腕力のバランスを意識したトレーニングを行います。

■ One Hand Cable Cross／ワンハンド・ケーブルクロス

肩幅に足を開き、プーリーに平行に立つ。グリップを左上から右下に引きながら、腰をひねる反対の手の平を床と平行にして押します。
左右交互に休息を入れずに、10回3セット行う。

■ Jumping Push Up／ジャンピングプッシュアップ（サークルムーブメント）

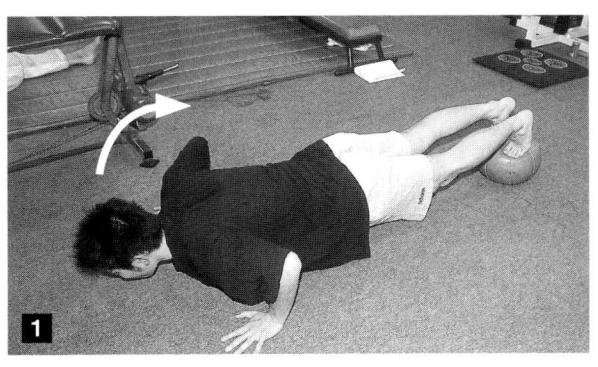

腕立てから肘を曲げ一気に突き放すと同時に、右廻りに全身を移します。ボールをのせたつま先の位置をずらさないようにします。

右廻りを二週して1分間休み、左廻りを二週して下さい。

Nメソッド　鍛練

■ Boat Row ／ ボートロウ

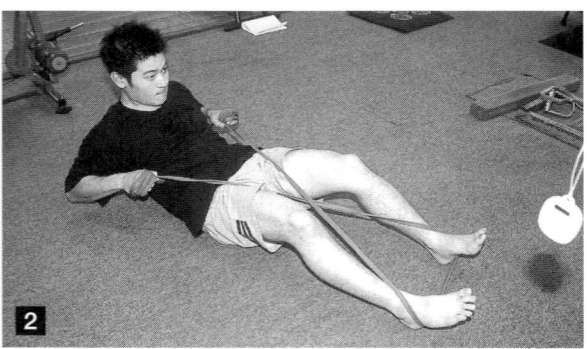

床に座り、足にチューブを引っかけます。チューブをクロスさせて、両手に握ります。膝を軽く曲げ、肩甲骨を中央に寄せる様に腕を引きつけます。20回3セット。セット間1分間休みます。

■ Reverse Push Up Jump ／ リバースプッシュアップジャンプ

仰向けになり、手を後につく。腕を床から突き放してジャンプする。接地する時、手首を痛めないように注意する。10回行った後、休息を入れずに次へ移る。

■ Cable Curl & Flick Motion ／ ケーブルカール&フリックモーション

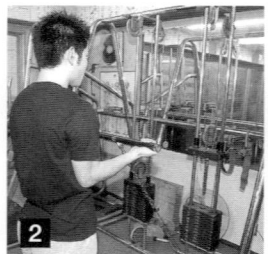

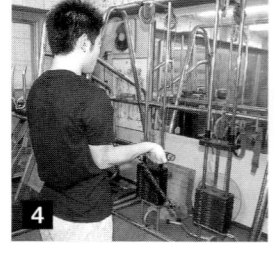

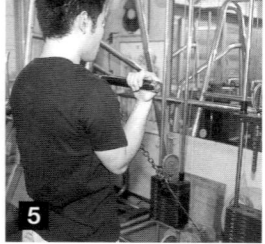

ケーブルを両手でサムレスグリップ（5指を並べる）で握り、カールしていきます。肘が直角になったポイントで、手首を上下にゆっくり5回動かします。それから、最終地点まで巻き上げます。降ろす時も、同じポイントで手首を上下にゆっくり5回動かします。ゆっくり最後まで降ろし、これを10回繰り返します。
1分間休息後リバースプッシュアップジャンプに戻ります。
この二つをスーパーセットに組み3セット行って下さい。

Chapter 3　トータルバランス

PROGRAM 6-A

Additional Balanced Leg Training
さらに脚力のバランスを鍛える

プログラム 5-A に引き続き、脚力のバランスを鍛えます。腕を頭の上で組むことでよりバランス能力の向上が期待できます。単純なようですが、意外と難しいものです。自分が思ったようには動くことが出来ずイライラする人がいますが、こうした単純な運動の積み上げがとても大切です。

■ Sit up & Narrow Stance Squat ／ シットアップ&ナロウスタンススクワット

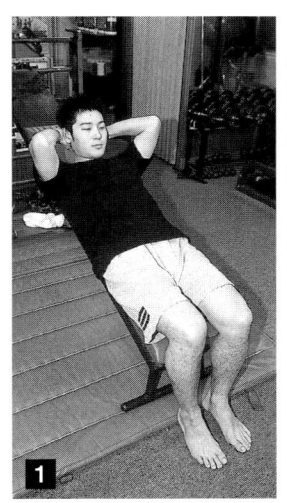

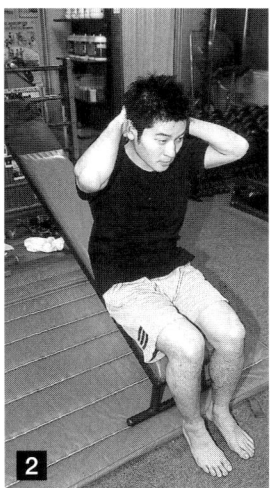

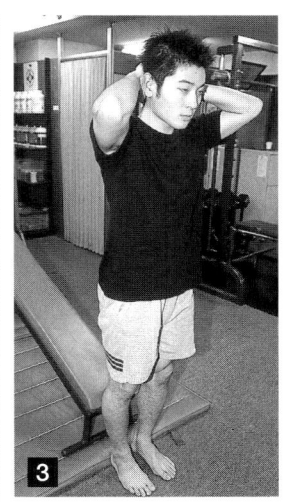

両内くるぶしを合わせ、膝を曲げ、45度に傾斜したシットアップボードに仰向けになります。
膝を曲げたまま、起き上がり、直立したら、膝を伸ばして立ち上がります。
20回繰り返したら、休息せずに次へ移ります。

■ Step Down ／ ステップダウン

シットアップボードに乗り、脚を前方へ踏み込みます。つま先と膝の方向が一致するようにして足裏全体で接地し、すぐに後足へ体重をかけ蹴りだし、元に戻ります。
左右交互に20回繰り返したら、休息せずに次に移ります。

■ Combination Calf Raise ／ コンビネーションカーフレイズ

ハーフ・スクワットの姿勢から、母指球に力を入れて踵を上げ、続いて膝、股を伸ばします。

踵を降ろし、膝を曲げ、踵を降ろしていきます。

20回繰り返したら、1分休息し、始めに戻ります。

この3種目をトライセットに組み3セット行います。前後、上方への推進力を強化します。

PROGRAM 6-B

Additional Balanced Arm Training
さらに腕力のバランスを鍛える

　プログラム5-Bに引き続き、腕力のバランスを鍛えます。両腕に負荷を与えてより強くバランスのよい発達を促します。短い休息、あるいは休息を与えずに数セット連続して行うので、バランスを十分に考えてトレーニングをします。少しのバランスのずれから、身体に障害が出てしまうので注意が必要です。

■ One Hand Bench Press ／ワンハンドベンチプレス

左手にダンベルを持ち、胸につけます。
右手はラックを握り、右脚を曲げて上げます。
左手を伸ばすと同時に、右膝を伸ばして床を押します。
20回繰り返し、反対側を同じ方法で交互に3セット行います。

■ Lying Hip Rotation（Cross Cable Position）／ライイングヒップローティション（クロスケーブルポジション）

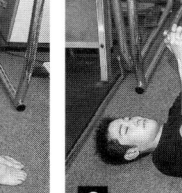

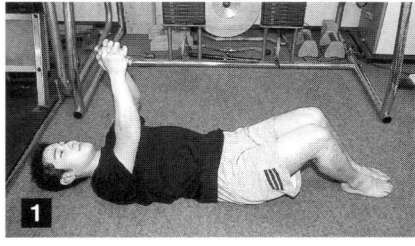

仰向けに寝て、ケーブルのハンドルを胸の中央部に持ってきます。この状態をキープしながら、立てている両膝を左右に倒します。
往復1回として20回行います。1分休息して反対側を向きます。
2セット行って下さい。

Nメソッド 鍛練

■ Re-posit Bar Full Side Raise／レパジットバー・フルサイドレイズ

ウェイトのついた方を前にしてバーの端を握ります。

手の平を体側に向けた状態からゆっくり横へ上げていきます。

90度から腕を外へ捻りながら上げる。

頭上まで持ち上げた時点で手の平は互いに向き合っています。今度は逆にひねりながら元に戻っていきます。

10回繰り返し、休息せずに次に移ります。

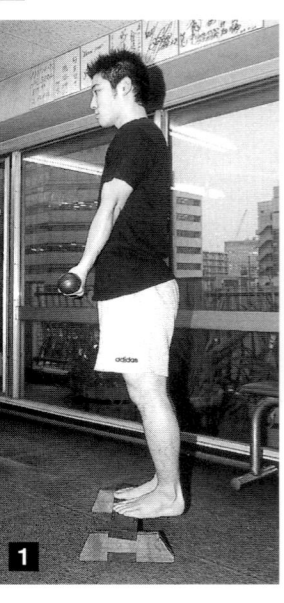

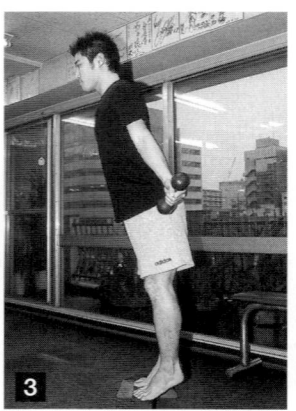

■ Dumbbell Curl & Kick Back（Calf Raise Balance）／ダンベルカール＆キックバック（カーフレイズバランス）

カーフレイズボードの上につま先を乗せ、両手にダンベルを持って立ちます。

踵を上げながら、ダンベルを巻き上げていきます。手の平を体側に向けながら、肘を伸ばし、身体より後に持っていきます。10回繰り返し、休息せずに前に戻ります。

この二つをセットにして3セット行って下さい。

PROGRAM 7-A

Additional Leg Power Balance in Movement
再び動きの中での脚力バランス

プログラム 5-A に引き続き、脚力のバランスを動きの中で鍛えます。バランスを十分に考えてトレーニングをします。少しのバランスのずれから、膝・腰・肩に思わぬダメージを与えてしまうケースがあります。集中力が必要なトレーニングですので体調も十分考慮して取り組みます。

■ Wide Stance Squat／ワイドスタンススクワット（K ボード使用）

つま先を外に向けて肩幅の2倍程度に拡げロングKボードの上に立ちます。
Kボードの下の板は両足と直角になっています。
前後にゆれる板とバランスを取りながら、マルチプレスでスクワットを20回行い、休息を取らずに次に移ります。

■ Side Squat／サイドスクワット

つま先を正面に向けて、肩幅の2倍程度に拡げます。20kgシャストを担ぎ、片脚を曲げていきます。曲げた足をゆっくり膝を伸ばし元の位置に戻し、反対側へ曲げていきます。交互に20回行い、休息を取らずに次に移ります。

N メソッド　鍛練

■ Side Leg Range ／ サイドレッグランジ

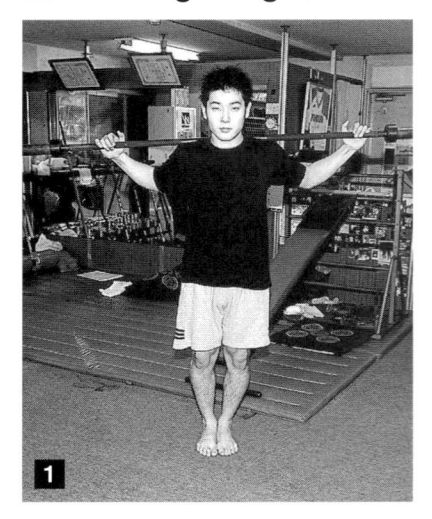

20kg シャフトを担ぎ、両足を閉じます。足を横に踏み出し、ゆっくりつま先と同じ方向へ膝を曲げます。曲げた側の足に力を入れて膝を伸ばし、足を元の位置に戻します。
今度は、反対側へ移り交互に 20 回行い休息を入れずに次に移ります。

■ Lateral Jump ／ ラタラルジャンプ

フラントベンチの横に立ち、出来るだけ高くジャンプしてベンチに乗り、反対側へ降り、その反動を利用して、再びベンチに乗り元の位置に戻ります。
これを 1 回として連続 20 回繰り返し 1 に戻ります。
この 4 種目をジャイアントセットとして 3 セット繰り返します。

Chapter 3　トータルバランス

PROGRAM 7-B

Additional Balanced Arm Power in Movement
再び動きの中での腕力バランス

　　プログラム 5-B に引き続き、脚力のバランスを動きの中で鍛えます。バランスを十分に考えてトレーニングをします。かなりの負荷をかけるので、集中力が必要としますので体調も十分考慮して取り組みます。パートナーが付く種目ではパートナーにもバランスを養成するトレーニングであることを理解してもらいます。

■ Big Bridge Push Up ／ ビッグブリッジプッシュアップ

開脚して上体を前下に曲げ、その姿勢をキープしながら腕の曲げ伸ばしをします。

20回繰り返し、休息を入れずに次に移ります。

■ Cable Straight Rear Raise ／ ケーブルストレートリアレイズ

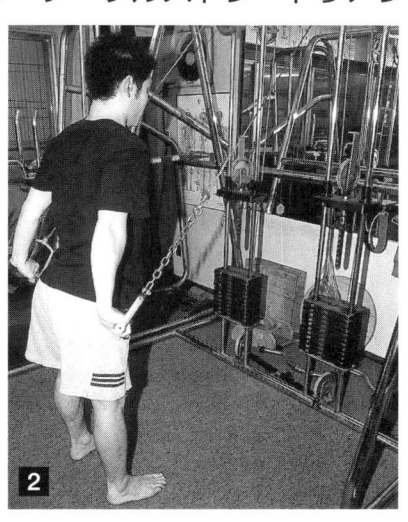

膝と股関節を軽く曲げ、プーリーの前に立ち、顎を引き、曲げた腕を伸ばしながら、後、下方へ引いていきます。
20回繰り返し、1分間休息し、始めに戻ります。
この二つをスーパーセットに組み、3セット行って下さい。

Nメソッド　鍛練

■ Seated Side Raise／シーテッドサイドレイズ（バイブレーションメソッド）

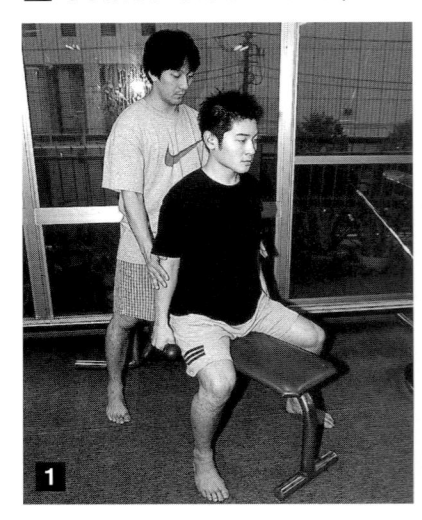

ダンベルを両手に持ち、手を横に上げていきます。
この時、パートナーが両肘を押さえ、軽く前後にゆすります。
10回行いセット間1分休息して3セット実施して下さい。

■ Preacher Dumbbell Curl & Neck Flection／プリチャーズダンベルカール&ネックフレクション

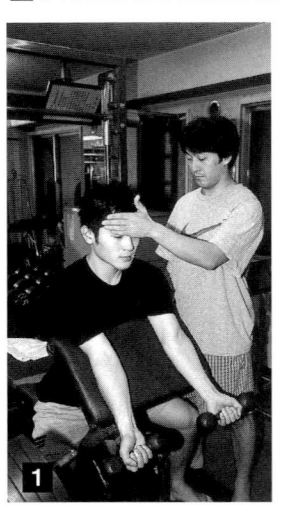

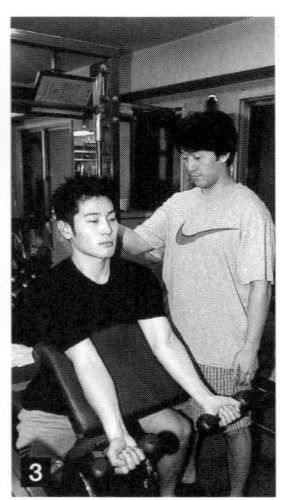

カーリングベンチに上腕、胸、腋の下を着け、ダンベルを持った手を伸ばします。パートナーは、頭の前後を両手で挟むように横に立ちます。肘を中心にゆっくりダンベルを巻き上げながら、顎を引いていく前頭部へ抵抗をかけます。次にゆっくり元の位置に戻しながら、顎を上げていく後頭部へ抵抗をかけます。
10回3セット、セット間は1分間休息します。

PROGRAM 8-A

Focused Leg Training
脚の各部位を鍛える

蹴り技を意識して脚の部位毎に負荷がかかるように考えられたトレーニングです。どのような状況、態勢からも自由に蹴りを繰り出せることを可能にするトレーニングですので、蹴り技に磨きをかける最適のプログラムと言えます。各部位の筋肉を十分に意識して行いましょう。

■ One Hand Cable Split Squat ／ ワンハンドケーブルスプリットスクワット

片方の手を頭の上に置き、片方の手でケーブルのハンドルを持ちます。この状態で、前足に体重をかけてしゃがみこみます。上半身を真っ直ぐにして、左右にふれないようにコントロールしていきます。後足の母指球を中心に膝を伸ばしていきます。20回繰り返し、左右交互に3セット行います。

■ Single Leg Extension & Curl ／ シングルレッグエクステンション＆カール

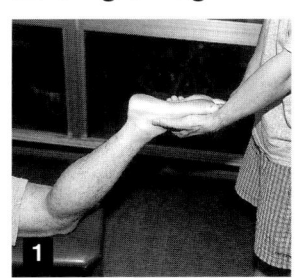

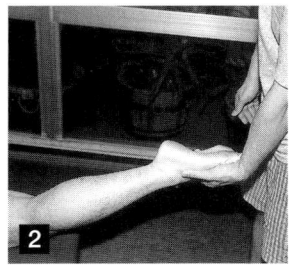

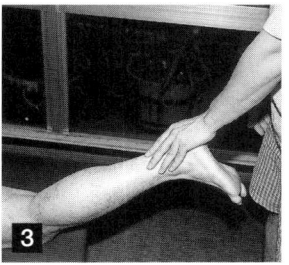

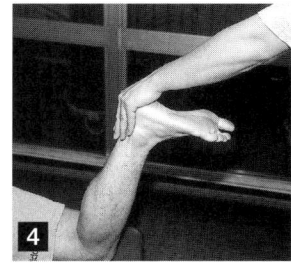

フラントベンチにうつ伏せになり、片脚を前に降ろします。パートナーは、踵と足の甲に手をかけます。つま先を床につけるように伸ばしますが、パートナーはこれに抵抗を加えます。伸ばしきったら、今度は踵を臀部に引きつけるようにしますが、パートナーはこれに抵抗を加えます。往復1回として20回行ったら、足を換えます。左右2セットづつ交互に行います。

Chapter 3 Total Balance

N メソッド　鍛練

■ Alternate Leg Kick ／オールタニットレッグキック

台の上にうつ伏せになり、両脚を交互に水平まで伸ばします。曲げている足は台を押して下さい。左右1回として10回3セット行って下さい。

Nメソッド　鍛練

PROGRAM 8-B

Total Balance Ability
トータルバランス能力

　これまでは脚、腕の筋力をアップしながら身体全体のトータルバランスを作り上げてきましたが、ここでは肩甲骨の柔軟性と強化、そして腕・脚のトータルでバランスを強化するプログラムとしました。トータルバランス能力を強化することで、これまでに培ってきた様々なパワーがより効果的に身体能力を高めてくれます。

■Bent Arm Pull Over（Partner Resistance）／ベントアームプルオーバー（パートナーレジスタンス）

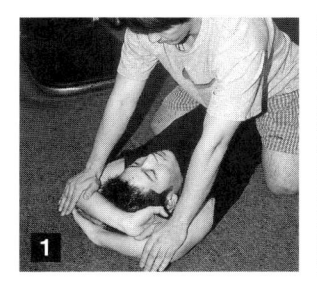

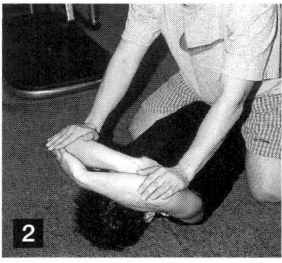

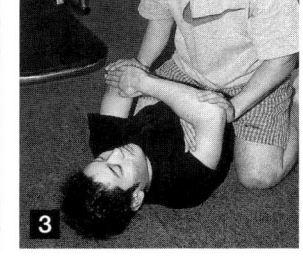

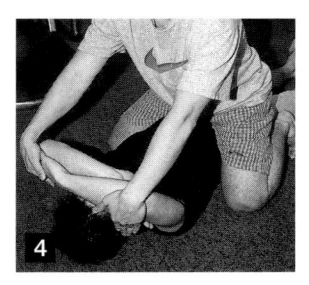

仰向けに寝て、腕を頭の上で肘をつかむように組み、垂直になるまで挙げていきます。パートナーは肘を押さえ、挙げてくる腕に抵抗を加える。次に下げる腕に抵抗を加える。往復1回として10回繰り返し、次のニーオフと交互に行います。

■Knee Off（Hand Position）／ニーオフ（ハンドポジション）

四つ這い位保持から、膝を床より離します。膝を伸ばした時に、背が丸まったり、腰が後に引けたり、前にそったりしないように注意します。
10回繰り返します。この二つをスーパーセットに組み3セット行います。

Chapter 3 Total Balance

■ Single Legged French Press ／ シングルレッグドフレンチプレス

片足で立ち、片足にチューブを巻き、背側で両手に持つ。この姿勢をキープして、肘を動かさない様に腕の曲げ伸ばしをします。10回行ったら、1分間休み、足を換えてもう10回行って下さい。

■ Side Bend & Curl ／ サイドベント&カール

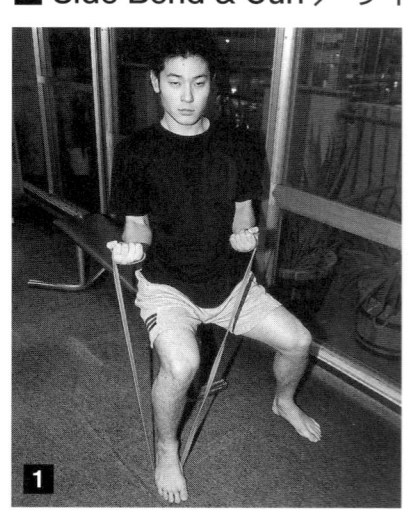

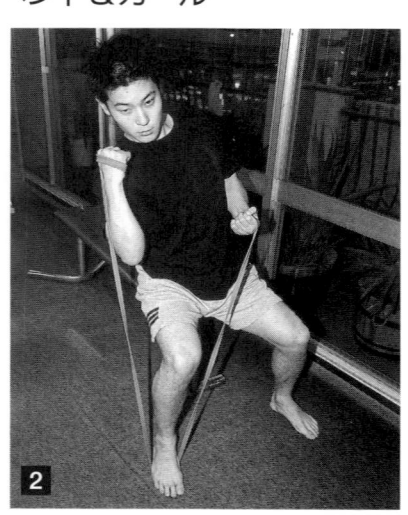

フラントベンチに座り、両手にチューブを巻き、足で押さえます。片手でカールしながら、体側を縮め、反対側は体側を伸ばしていきます。
10回行ったら、1分間休息して、足を換えて10回行って交互に2セットづつ行って下さい。

Nメソッド　鍛練

PROGRAM 9-A

Advanced training
より高度なトレーニング

動きの中でバランスが必要とされる、より高度なトレーニングです。本書をテキストに長い期間努力を重ねてきた皆さんにとっては、さほど難しくないかもしれませんが、気を抜くことなくトレーニングしてください。

■ Hack Squat ／ ハックスクワット

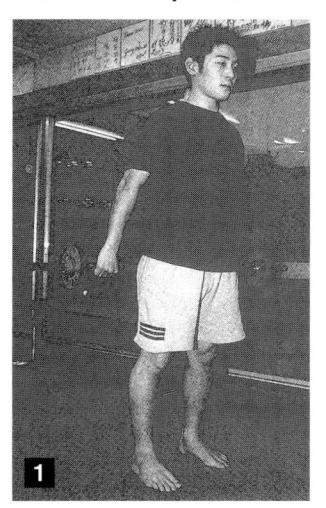

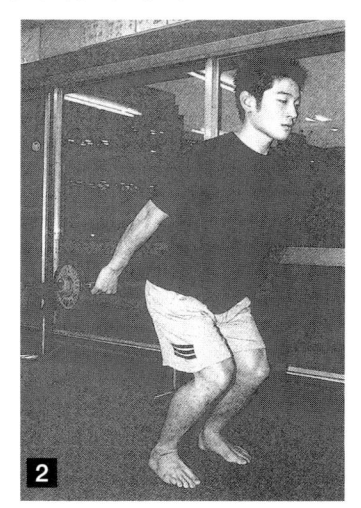

バーベルを腰の下でオーバーグリップ（順手）で握ります。背中が丸まらないように、股、膝の順序で降ろしていきます。次に膝、腰の順序で上げていきます。
シャフトのみで20回休息1分で3セット行います。

■ Step Over ／ ステップオーバー

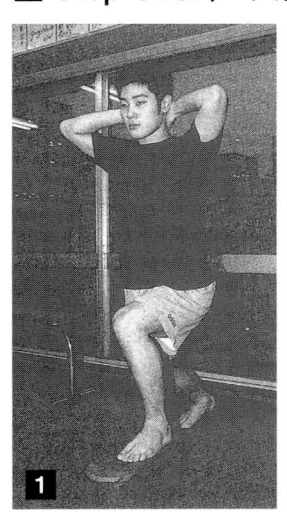

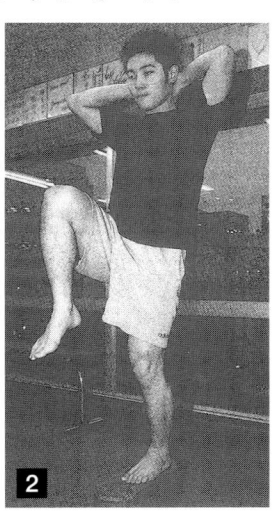

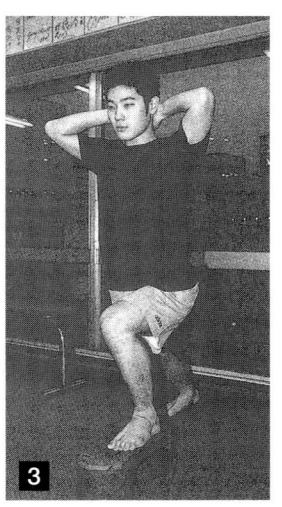

上半身を真っ直ぐにして、右足をボックスに乗せ、右足を伸ばすと同時に左足を前に踏み出します。
左足に体重をかけ、蹴り出して元に戻します。
左足を20回行ったら、つづけて右足を20回行います。
左右1セットとして1分間休み。3セット行って下さい。

Chapter 3　Total Balance

■ Bent Knee Calf Raise ／ベントニー・カーフレイズ

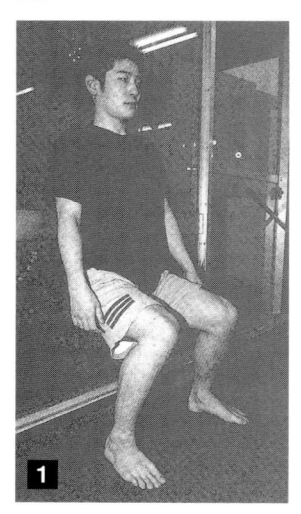

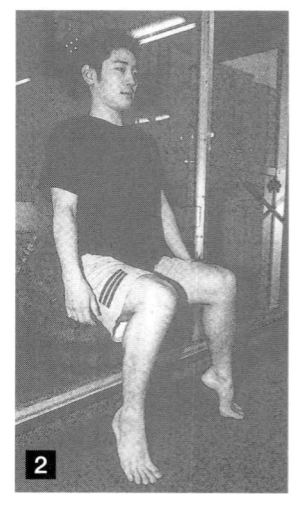

膝を90度に曲げて壁に立ちます。可動範囲を大きくするために裸足になり、踵の上げ下げをします。
20回反復した後、休憩をせず次の「ニージャンプ」に移る。

■ Knee Jump ／ニージャンプ

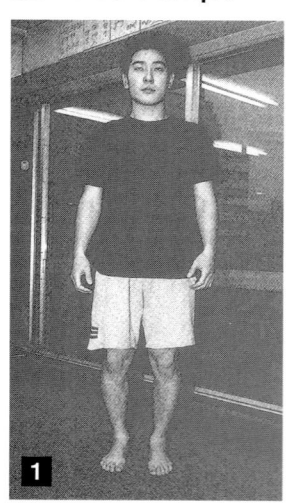

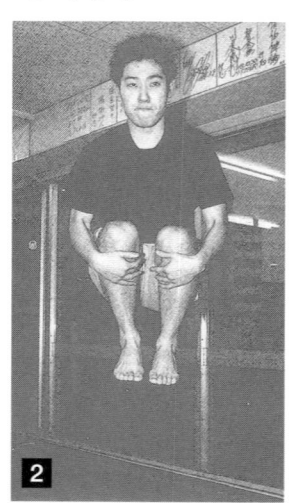

ジャンプした後、空中で膝が触れるように引きつけます。
上半身をなるべく直立にキープし、膝を近づけるようにします。20回繰り返した後「ベントニー・カーフレイズ」に戻ります。
「ベントニーカーフレイズ」、「ニージャンプ」をスーパーセットに組み、3セット行います。

PROGRAM 9-B

Total Balance
トータルバランス

　バランスの取れた下肢の上に構築されるバランスの取れた上肢は、あらゆる空手の技の有効性を証明してくれます。最後のトレーニングにあたって6ページの「本書の目的」をもう一度読んでみてください。これまでも何度か読んでいただいているかもしれませんが、より鮮明に私のNメソッドの理論が理解できるでしょう。

■ K-Board Push Up ／ Kボード・プッシュ・アップ

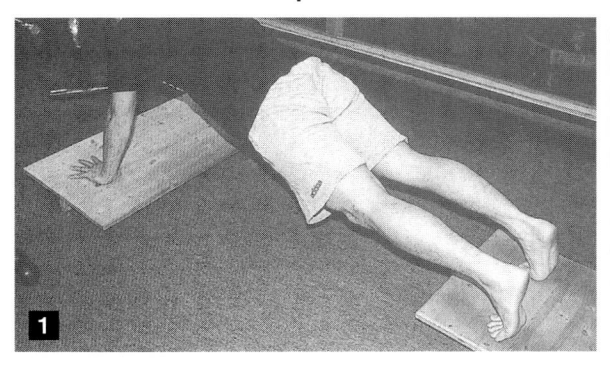

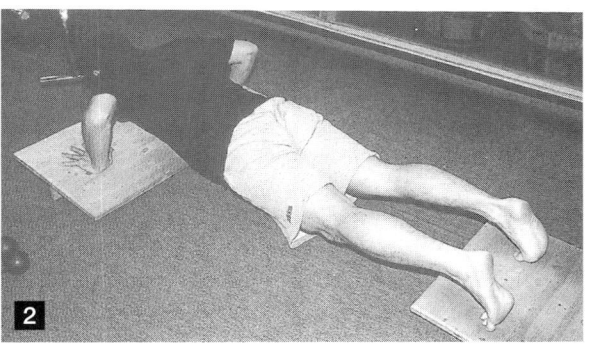

両手は、ロングKボードの下の板と直角に乗せます。両足は、Kボードの下の板と平行にニなるように乗せます。前後、左右のバランスをコントロールしながら20回繰り返した後、休憩を取らずに次の「シーテッドフレンチプレス&ネックフレクション」に移ります。

■ Seated French Press & Neck Flection ／ シーテッドフレンチプレス&ネックフレクション

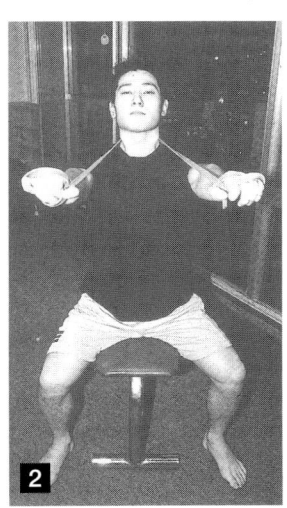

チューブを首の後から前に廻し、両肘を突き出すと同時に首を反らします。

20回繰り返した後、休憩を取らずに「Kボード・プッシュ・アップ」に戻ります。「Kボード・プッシュ・アップ」と「シーテッドフレンチプレス&ネックフレクション」をスーパーセットで3セット行って下さい。

N メソッド　鍛練

■ Seated Tube Cross Over & Rear Raise／シーテッドチューブクロスオーバー&リヤレイズ

脚を開き、右足にチューブをかけます。右手にチューブを持ち、少し肘を曲げ、身体の正面まで引き寄せます。次に肩甲骨を寄せて、手を後へ引きつけます。

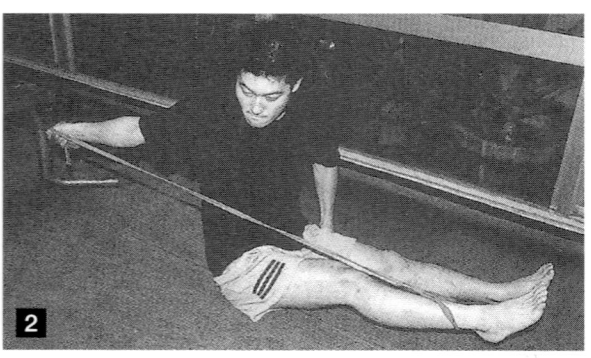

これを20回繰り返し、反対側へチューブを交換します。左右1セットとして、3セット行います。

■ Wrist Pronation & Spination／リスト・プロネーション&スピネーション

肘を90度に曲げ、片手でバーの端を持ち、手の平を上にして、左方向に捻っていきます。肘が伸び手の甲が完全に上を向くまで捻ったら、逆に捻り戻ります。

10回繰り返したら、手を換えます。

左右交互に休息を入れずに2セットずつ行います。

Chapter 1　Resistance Training Schedule

PROGRAM 1		
週	A	B
1	/	/
2	/	/
3	/	/
4	/	/
5	/	/
6	/	/
7	/	/
8	/	/
9	/	/
10	/	/
11	/	/
12	/	/
13	休み	

PROGRAM 2		
週	A	B
14	/	/
15	/	/
16	/	/
17	/	/
18	/	/
19	/	/
20	/	/
21	/	/
22	/	/
23	/	/
24	/	/
25	/	/
26	休み	

PROGRAM 3		
週	A	B
27	/	/
28	/	/
29	/	/
30	/	/
31	/	/
32	/	/
33	/	/
34	/	/
35	/	/
36	/	/
37	/	/
38	/	/
39	休み	

PROGRAM 4		
週	A	B
40	/	/
41	/	/
42	/	/
43	/	/
44	/	/
45	/	/
46	/	/
47	/	/
48	/	/
49	/	/
50	/	/
51	/	/
52	休み	

PROGRAM 5		
週	A	B
1	/	/
2	/	/
3	/	/
4	/	/
5	/	/
6	/	/
7	/	/
8	/	/
9	/	/
10	/	/
11	/	/
12	/	/
13	休み	

PROGRAM 6		
週	A	B
14	/	/
15	/	/
16	/	/
17	/	/
18	/	/
19	/	/
20	/	/
21	/	/
22	/	/
23	/	/
24	/	/
25	/	/
26	休み	

PROGRAM 7		
週	A	B
27	/	/
28	/	/
29	/	/
30	/	/
31	/	/
32	/	/
33	/	/
34	/	/
35	/	/
36	/	/
37	/	/
38	/	/
39	休み	

PROGRAM 8		
週	A	B
40	/	/
41	/	/
42	/	/
43	/	/
44	/	/
45	/	/
46	/	/
47	/	/
48	/	/
49	/	/
50	/	/
51	/	/
52	休み	

PROGRAM 9		
週	A	B
1	／	／
2	／	／
3	／	／
4	／	／
5	／	／
6	／	／
7	／	／
8	／	／
9	／	／
10	／	／
11	／	／
12	／	／
13	休み	

PROGRAM 10		
週	A	B
14	／	／
15	／	／
16	／	／
17	／	／
18	／	／
19	／	／
20	／	／
21	／	／
22	／	／
23	／	／
24	／	／
25	／	／
26	休み	

PROGRAM 11		
週	A	B
27	／	／
28	／	／
29	／	／
30	／	／
31	／	／
32	／	／
33	／	／
34	／	／
35	／	／
36	／	／
37	／	／
38	／	／
39	休み	

PROGRAM 12		
週	A	B
40	／	／
41	／	／
42	／	／
43	／	／
44	／	／
45	／	／
46	／	／
47	／	／
48	／	／
49	／	／
50	／	／
51	／	／
52	休み	

PROGRAM 13		
週	A	B
1	／	／
2	／	／
3	／	／
4	／	／
5	／	／
6	／	／
7	／	／
8	／	／
9	／	／
10	／	／
11	／	／
12	／	／
13	休み	

PROGRAM 14		
週	A	B
14	／	／
15	／	／
16	／	／
17	／	／
18	／	／
19	／	／
20	／	／
21	／	／
22	／	／
23	／	／
24	／	／
25	／	／
26	休み	

記入のし方

　1週間の中で何曜日にトレーニングをするかを決めるのがよいでしょう。

　例えば、水曜日にAのトレーニング、土曜日にBのトレーニングを行うことを決めたとします。カレンダーでスタート日を決め、その曜日の日付をカレンダーからこのスケジュール表に転記していきます。

　4つのプログラムをやり終えるのに1年かかりますから。記入も1年間(52週)毎でよいでしょう。

Chapter 2   Super Power Training Schedule

PROGRAM 1		
週	1回	2回
1	／	／
2	／	／
3	／	／
4	／	／
5	／	／
6	／	／
7	／	／
8	／	／
9	休み	

PROGRAM 2		
週	1回	2回
10	／	／
11	／	／
12	／	／
13	／	／
14	／	／
15	／	／
16	／	／
17	／	／
18	休み	

PROGRAM 3		
週	1回	2回
19	／	／
20	／	／
21	／	／
22	／	／
23	／	／
24	／	／
25	／	／
26	／	／
27	休み	

PROGRAM 4		
週	1回	2回
28	／	／
29	／	／
30	／	／
31	／	／
32	／	／
33	／	／
34	／	／
35	／	／
36	休み	

PROGRAM 5		
週	1回	2回
37	／	／
38	／	／
39	／	／
40	／	／
41	／	／
42	／	／
43	／	／
44	／	／
45	休み	

PROGRAM 6		
週	1回	2回
46	／	／
47	／	／
48	／	／
49	／	／
50	／	／
51	／	／
52	／	／
1	／	／
2	休み	

PROGRAM 7		
週	A	B
3	／	／
4	／	／
5	／	／
6	／	／
7	／	／
8	／	／
9	／	／
10	／	／
11	休み	

PROGRAM 8		
週	A	B
12	／	／
13	／	／
14	／	／
15	／	／
16	／	／
17	／	／
18	／	／
19	／	／
20	休み	

PROGRAM 9		
週	A	B
21	／	／
22	／	／
23	／	／
24	／	／
25	／	／
26	／	／
27	／	／
28	／	／
29	休み	

Chapter 3   Total Balance Training Schedule

PROGRAM 1		
週	A	B
1	/	/
2	/	/
3	/	/
4	/	/
5	/	/
6	/	/
7	/	/
8	/	/
9	/	/
10	/	/
11	/	/
12	/	/
13	休み	

PROGRAM 2		
週	A	B
14	/	/
15	/	/
16	/	/
17	/	/
18	/	/
19	/	/
20	/	/
21	/	/
22	/	/
23	/	/
24	/	/
25	/	/
26	休み	

PROGRAM 3		
週	A	B
27	/	/
28	/	/
29	/	/
30	/	/
31	/	/
32	/	/
33	/	/
34	/	/
35	/	/
36	/	/
37	/	/
38	/	/
39	休み	

PROGRAM 4		
週	A	B
40	/	/
41	/	/
42	/	/
43	/	/
44	/	/
45	/	/
46	/	/
47	/	/
48	/	/
49	/	/
50	/	/
51	/	/
52	休み	

PROGRAM 5		
週	A	B
14	/	/
15	/	/
16	/	/
17	/	/
18	/	/
19	/	/
20	/	/
21	/	/
22	/	/
23	/	/
24	/	/
25	/	/
26	休み	

PROGRAM 6		
週	A	B
27	/	/
28	/	/
29	/	/
30	/	/
31	/	/
32	/	/
33	/	/
34	/	/
35	/	/
36	/	/
37	/	/
38	/	/
39	休み	

PROGRAM 7		
週	A	B
40	/	/
41	/	/
42	/	/
43	/	/
44	/	/
45	/	/
46	/	/
47	/	/
48	/	/
49	/	/
50	/	/
51	/	/
52	休み	

PROGRAM 8		
週	A	B
1	/	/
2	/	/
3	/	/
4	/	/
5	/	/
6	/	/
7	/	/
8	/	/
9	/	/
10	/	/
11	/	/
12	/	/
13	休み	

PROGRAM 9		
週	A	B
1	/	/
2	/	/
3	/	/
4	/	/
5	/	/
6	/	/
7	/	/
8	/	/
9	/	/
10	/	/
11	/	/
12	/	/
13	休み	

開脚マイスター KAZUHIKO NAGATA 永田一彦シリーズ

奇跡のハーモニアス・ストレッチング

憧れの可動域・羨望のハイキックを貴方のものに！

「可動域アップ」、「高いレベルでの柔軟性」を様々な分野でのアスリートからの信頼も厚いフィジカルトレーナー永田一彦氏が、無理なくハイキックにつながる柔軟性を身につけるプログラムを提供。カラダと呼吸の調和（HARMONY）により、自在に動かせる「本当に使える柔らかさ」を追求しています。

■商品番号 CMP-6501(VHS)/DCMP-6501(DVD) ■カラー50分 ■価格 6,000円(税込)

奇跡のハーモニアス・ストレッチング2

呼吸と筋肉・骨格の調和が更なる柔軟性を生み出す　眠っているあなたの能力を覚醒させる

高度な運動メカニクルを駆使し、無理のない柔軟性の促進、正しい姿勢や骨格のアライメントの形成といった身体を正確にコントロールする機能作りを念頭に、体幹部へ積極的にアプローチしています。また、チューブやバランスディスクの併用により三次元負荷や難易度の調整によって、普段意識しにくい筋肉、腱などへの新しい刺激となって一層の効果増大を手助けしてくれます。

■商品番号 DCMP-6502(DVD) ■カラー150分 ■価格 6,000円(税込)

KAZUHIKO NAGATA SERIES

CHAMP 商品のお問合せ、ご注文はこちらまで

〒166-0003 東京都杉並区高円寺南4-19-3総和第二ビル2F　営業部 03-3315-3190

インターネットでのご注文の場合
http://www.champ-shop.com/
http://www.champ-shop.com/m/
モバイル版QRコード

上記、チャンプショッピングサイトよりご注文を受付しております。お気軽にご活用下さい。

電話でのご注文の場合
03-3315-3190
受付 ● AM9:30〜PM6:30
定休日 ● 日曜・祝日・第5土曜

ファックスでのご注文の場合
03-3312-8207
受付 ● 24時間受付中
希望商品名・商品番号(Catalog#○○)
氏名(フリガナ)・住所(郵便番号) 年齢(生年月日)・電話番号
と「JKFan係」と明記のうえ 03-3312-8207 まで送信して下さい。

ハガキでのご注文の場合
希望商品名・商品番号(Catalog#○○)
氏名(フリガナ)・住所(郵便番号)
年齢(生年月日)・電話番号
と「JKFan係」と明記のうえ官製ハガキにて下記住所までお送り下さい。
〒166-0003 東京都杉並区高円寺南4-19-3
総和第二ビル2階 (株)チャンプ

正規代理店 チャンプ西日本でも受付中
TEL:0721-20-0660 受付AM9:30〜PM9:30
FAX:0721-20-0661 受付24時間可能

注意事項
●商品はご注文後1週間前後でお届けいたします。
●ビデオ・DVDは送料無料です（一部商品を除く）。雑誌、書籍、グッズには送料がかかります。詳しくはお問合せ下さい。
●個人情報の取扱につきましては、巻末をご覧下さい。

インターネットでのご注文
http://www.karatefan.co.jp/

使える柔軟性を手にいれろ！

絶対開脚バイブル
永田一彦の
開脚革命
Featuring Team JKFan

好評発売中!!

ギアを使って開脚革命!!
4つの秘術を大公開！

■商品番号 DCMP-6511
■カラー50分　■定価6,000円(税込)

CONTENTS 1　プレ開脚
開脚できない人のためのエクササイズ
●背臥位
●座位
●側臥位
若尾息吹

CONTENTS 2　試割り板開脚法
解剖学的に正しい姿勢での開脚を目指す
●両脚を閉じ板の上に座る
●開脚し板の上に座る
●開脚に前屈を加える
栗原有紀

CONTENTS 3　サポート・バーイング
開脚を阻害する筋肉群をダイレクトに弛緩させる筋膜圧迫法
●両脚を閉じて座る
●両脚を開いて座る
月井隼南

CONTENTS 4　T・サポートチュービング
空手家が大好き・立体開脚リスクを減らし安全に行う
●四つん這い位
●立位A
●立位B
山本里奈

SPECIAL CONTENTS　Message from Team JKFan (The first member)

●開脚といえば、痛みが伴うもの……と思ってはいませんか。痛みに耐えて開脚をすることは、危険が伴うものです。では、痛まない程度に開脚を行えば物足りなさを感じてしまう。これが空手家の性(さが)なのです。

　開脚ができない理由は、いうまでもありません。骨が開かないのではなく、筋肉の柔軟性や弾力性が欠如しているからです。骨が原因で可動域に問題があったり、身体の硬い人と柔らかい人の筋肉の構造自体が異なっているのであれば、手の打ちようもありませんが、原因は他にあるのであれば、誰にでも開脚の可能性は残っているのです。

●そこで、ギア(道具)の登場です。ギアを使って効果的に開脚をすることで正しい姿勢が身につき、不具合な動きを矯正することができるわけです。無理なく安全な状態で正しい姿勢とともに開脚ができれば、誰でも安心して開脚を行うことができるでしょう。決して、高価なギアではなくある意味簡単に手に入るギアで見違えるような動きを身に付けることができるのであれば、これをやらない手はありません。あとは根気よく、継続あるのみです。これだけは何に頼るではなく、自分で頑張るしかありません。どんな効果的手段を手に入れても、最も大切なのはこの継続なのです。

　そして継続を決意したならば、根性で痛みに耐えて開脚を行うのも空手家らしいといえばそのとおりなのですが、同じ時間を費やすのなら解剖学的に正しいやり方に根気を使った方が賢いのではないでしょうか。皆さんもこれらのギアを用いて、夢の180度開脚を手に入れてみませんか。

剛柔流拳法 古伝の裏分解セミナー

沖縄空手のルーツに迫る。
古伝空手源流の奥義を惜しげもなく公開！
形は実際に使えるか？その答えがここにある！

剛柔流拳法 古伝の裏分解セミナー

【収録内容】
- ■ Ⅰ型の裏分解／1、撃砕第1　2、撃砕第2　3、サイファー
- ■ Ⅱ古流のエッセンス／1、予備運動　2、基本技
- ■ Ⅲ終章／サンチン

那覇手セミナーがDVDとなって発売されます。永久保存版として是非ご購入ください！

■ 商品番号DCMP-3801
■ 収録時間150分
■ 価格4,500円

久場良男（くば・よしお）／プロフィール
1946年9月7日生まれ。中学生の頃は剣道を嗜み、15歳の時から渡口政吉先生に師事し、師範免許を授かる。大学時代は名古屋の名城大学薬学部にて和道流の空手と親しむ。26歳の時に沖縄に戻り、鍼灸院を経営しながら沖縄空手道武館を主宰する。沖縄市空手道連盟理事長、沖縄空手道拳法会宗師範、空手道拳武館館長、沖縄市スポーツ少年団本部委員などを兼務する。鍼灸医院を運営し、講演のため全国を行脚する事も多い。

空手はどこから伝わったのか？
空手は誰から伝わったのか？
空手はどのように伝わったのか？

――― その答えがここにある！ ―――

- 第一章　空手道伝来の概説
- 第二章　中国武術の沿革
- 第三章　風雲！福建南拳法の変遷
- 第四章　空手道の沖縄伝来

ISBN／4-902481-35-9
判型／A5判(カラー＋モノクロ)
定価／3,150円(税込)

CHAMP 商品のお問合せ、ご注文はこちらまで

〒166-0003　東京都杉並区高円寺南4-19-3総和第二ビル2F　営業部　03-3315-3190

インターネットでのご注文の場合
http://www.champ-shop.com/
http://www.champ-shop.com/m/

電話でのご注文の場合
03-3315-3190
受付　AM9:30～PM6:30
定休日　日曜・祝日・第5土曜

ファックスでのご注文の場合
03-3312-8207
受付　24時間受付中
希望商品名・商品番号(Catalog#○○○)
氏名(フリガナ)・住所(郵便番号) 年齢(生年月日)・電話番号
と「JKFan係」と明記のうえ03-3312-8207
まで送信して下さい。

ハガキでのご注文の場合
希望商品名・商品番号(Catalog#○○○)
氏名(フリガナ)・住所(郵便番号)
年齢(生年月日)・電話番号
と「JKFan係」と明記のうえ官製ハガキにて
下記住所までお送り下さい。
〒166-0003 東京都杉並区高円寺南4-19-3
総和第二ビル2階 (株)チャンプ

注意事項
- 商品はご注文後1週間前後でお届けします。
- ビデオ・DVDは送料無料です(一商品時を除く)。雑誌、書籍、グッズには送料がかかります。詳しくはお問い合せ下さい。
- 個人情報の取扱につきましては、巻末をご覧下さい。

正規代理店　チャンプ西日本でも受付中
TEL:0721-20-0660　受付AM9:30～PM9:30
FAX:0721-20-0661　受付24時間受付中

インターネットでのご注文
http://www.karatefan.co.jp/

空手トレーニングの新機軸

道具を使ってパフォーマンスUP！カラダが変わる！

永田一彦の最強養成塾 舞技塾＆Nメソッドトレーニング　http://www.n-method.jp
ボディダイアローグ　http://www.body-dialog.com

Balance Disc

骨を1本の柱・筋肉をロープと仮定すると、柱をロープで支えるためには、前後左右のロープがバランス良く張られていなくてはなりません。同じく足や体の筋肉が1ヶ所弱いと姿勢はその反対側に傾き、転びやすくなる。つまり、一部の筋肉に負担が集中することになります。

▼ **運動能力が落ちる**

バランスディスクで改善！

- 不安定なディスクに乗る
- ▼
- 倒れそうになる体を支えようと、前後左右に筋肉が必死にリカバリー
- ▼
- 日頃使われることのない筋肉を活性化
- ▼
- やがて体のまわりを一周し、筋肉のバランスがちょうど良い位置に収まっていく

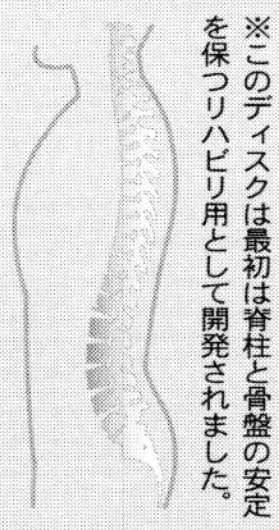

※このディスクは最初は脊柱と骨盤の安定を保つリハビリ用として開発されました。

【空手のトレーニングに】

バランスディスク
- 本体のみ 3,990円（本体価格3,800円）
- バランスディスク用ポンプ 735円（本体価格700円）
- ポンプ付きセット 4,725円（本体価格4,500円）

Training Tube

サポートチュービングにも最適
トレーニングチューブ

チューブで開脚トレーニング

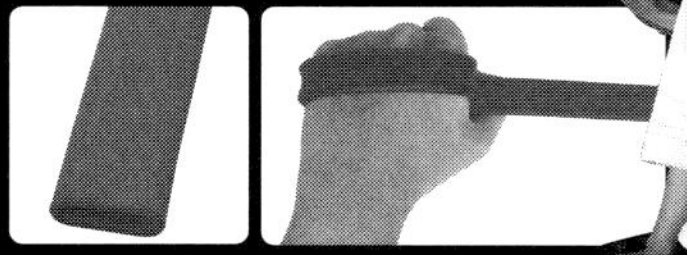

二重に巻くと想像以上に効きます！

● **二大特徴** ●

① **無臭であること**
特殊無臭合成ゴム使用により、ゴム特有の臭いがなく、使用後も手に臭いが残らず、女性にも安心してご利用頂けます。

② **楕円形状で手にくい込まない**
断面が楕円形状をしているため、手に巻きつけるさいに重ねることが可能で、断面が円形状の他のチューブと違い、手にくい込むことがありません。

トレーニングチューブ
- 4.5m　ピンク　3,150円（本体価格3,000円）※BDオリジナル
- 3m　ピンク／パープル　2,100円（本体価格2,000円）

■ T・サポートチュービング基本の巻き方 ■

螺旋に巻いたチューブの負荷が、あなたの動きを三次元的にサポートする。
基本の巻き方はインスパイラルとアウトスパイラルだが、巻き方の組み合わせや細かい巻き方の違いなど自由に応用して試してみよう。

■インスパイラルの基本

内くるぶしを通ってチューブを巻き、片方のチューブの端を軽く握る。膝を屈曲→伸展すると、ゴムの抵抗により自然と股関節が内旋していくことが感じられる。親指と二指の間に挟み、二指と中指、中指と四指、四指と小指の間で各々行なう。微妙な内旋の相違により、異なった刺激が脚と膝、股関節に加わり、筋肉が新しい動きを理解していくはずだ。

■アウトスパイラルの基本

外くるぶしを通してチューブを巻き、片方のチューブの端を軽く握る。膝を屈曲→伸展すると、ゴムの抵抗により自然と股関節が外旋していくことが感じられる。親指と二指の間に挟み、二指と中指、中指と四指、四指と小指の間で各々行なう。微妙な外旋の相違により、異なった刺激が脚と膝、股関節に加わることが理解できるはずだ。

---

balance 木'sシリーズ / NメソッドG

バランス'木,スロープ®
身体の連鎖性を意識できる特殊傾斜角！（特開2005-131152）
- 横30cm×縦20cm×高さ16cm
- 価格／9,800円（税込）
※寸法は目安です。

バランス'木,ウェーブ®
不具合な動きを矯正し正しい姿勢が身につく！（特開2005-137567）
- 大 直径35cm（幅30cm）価格／8,000円（税込）
- 中 直径27cm（幅30cm）価格／6,000円（税込）
- 小2個セット 直径16cm（幅30cm）価格／7,000円（税込）
対角線の溝を足の裏に直に感じることで、自然にバランス感覚がUP！

バランス'木,ガイヤ
股関節を使う正しい歩行動作で感覚神経を鍛える！
- 大 長さ60cm×幅12cm×高さ7cm 価格／7,000円（税込）
- 中長さ60cm×幅9cm×高さ5cm 価格／6,000円（税込）
※寸法は目安です。

試割板
痛みのないポジションで支持するために試割板を使おう！
- 厚さ24mm（21cm×30cm）
- 価格／1枚・850円（税込）

柳八分棒
棒を使って筋膜をリラックスさせ、柔軟性を取り戻そう！
- 長さ126cm（直径25mm）
- 価格／1本・2,040円（税込）

バランス'木,を使うと？ ①身体の中心軸を意識する、身体の連鎖性を意識する ②自分の動きのクセを知る ③自然にクセを矯正できる

- 先ずは乗ってみよう！
- そのままスクワットに挑戦！
- 片足を上げて姿勢を維持できるか？
- 足を交差しボート漕ぎの要領でバランス！
- 10～20回ほど「立つ⇒しゃがむ」を繰り返します。

永田一彦
[ながた かずひこ]
１９５２年生まれ
筑波大学大学院・体育研究科コーチ学専攻・スポーツ医学学際カリキュラム修了
● I.S.C.M 理事長
● スポーツ・アロマセラピー・アカデミー校長
● 永田一彦関連ホームページ
　　・最強選手養成塾「舞技塾」　　http://www.n-method.jp/
　　・Body Dialog　　　　　　　　http://www.body-dialog.com/

パワーリフティングの日本記録を持つ最強競技者。かつて、数多くの格闘選手をコーチし、「鬼の永田」としてその名をとどろかせた。現在は、プロスポーツ選手からアマチュアまで、幅広い分野のアスリートのフィジカルコーチとして活躍中。氏考案の様々なトレーニングメソッド、ストレッチメソッドは内外で注目されている。

N メソッド
鍛錬
２００７年９月１５日　第１刷発行

著　者　　永田一彦

発行者　　井出將周

発行所　　㈱チャンプ
〒166-0003　東京都杉並区高円寺南 4-19-3　総和第二ビル
TEL：販売／03-3315-3190　編集／03-3315-5051

©KAZUHIKO NAGATA 2007
Printed in Japan
印刷：モリモト印刷株式会社

本書内容の無断転載・複製を禁じます。
万一、乱丁・落丁本などの不良品はお取替えいたします。
ISBN 978-4-903616-65-0